엄마 집밥의 힘

윤정심 지음

BM 성안북스

힘들고 바쁜 10대를 위한 엄마의 응원가
엄마 집밥의 힘

2016년 2월 1일 1쇄 인쇄
2016년 2월 10일 1쇄 발행

지은이 윤정심
발행인 최한숙
펴낸곳 BM 성안북스
주소 04032 서울시 마포구 양화로 127 첨단빌딩 5층(출판기획 R&D 센터)
   10881 경기도 파주시 문발로 112(제작 및 물류)
전화 02) 3142-0036
   031) 950-6386
팩스 031) 950-6388
등록 1978.9.18 제406-1978-000001호
출판사 홈페이지 www.cyber.co.kr
이메일 문의 sunganbooks@naver.com
ISBN 978-89-7067-302-8 (13590)
정가 15,800원

이 책을 만든 사람들
진행 전희경, 강지예
사진&스타일 윤정신
일러스트 강예빈
홍보 전지혜
마케팅 구본철, 차정욱, 나진호, 이동후, 강호묵
제작 김유석

이 책의 어느 부분도 저작권자나 BM 성안북스 발행인의 승인 문서 없이 일부 또는 전부를 사진 복사나 디스크 복사 및 기타 정보 재생 시스템을 비롯하여 현재 알려지거나 향후 발명될 어떤 전기적, 기계적 또는 다른 수단을 통해 복사하거나 재생하거나 이용할 수 없음.

※ 잘못된 책은 바꾸어드립니다.

엄마가
해 줄 수 있는 일

아이들이 어릴 때는 엄마인 제가 뭐든지 뒷바라지해야 한다는 사명감 같은 게 있었어요. 숙제, 친구, 놀이 등 모든 걸 공유하고 도와주고……. 아이들 역시 엄마를 신적인 존재로 믿고 따르고요.

하지만 그것도 잠깐, 어느덧 몸과 함께 머리도 자란 아이들에게 공부하라는 말은 잔소리가 되고, 숙제를 봐준다 한들 알 수도 없어요. 인생 선배로서 정말 자식 잘되라는 마음에 정성을 다해서 하는 말들은 아이들의 귀에 잘 들어가지 않더라고요.

예전에 딸을 외고에 진학시킨 지인에게 아이를 외고에 보내려면 엄마가 뭘 준비해야 하냐고 물었더니, 다른 건 필요 없고 돈만 준비하라는 대답을 들어서 웃었던 적이 있어요. 그런데 막상 제 아이들이 고등학생이 되고 보니 그 말이 농담이 아니네요. 내 마음대로 되지 않는다는 걸 안 다음부터는 아이들과 최대한 싸우지 않고, 부드러운 관계를 가지고 가야겠다, 결심했어요.

초등학교 때와는 달리 중고생이 되니 정말 돈으로 해줄 수 있는 거 외에는 그저 따뜻한 밥 차려주는 것밖에 해줄 게 별로 없더라고요. 그래서 오늘도 밥 속에 많은 이야기를 꾹꾹 눌러 담아봅니다. 엄마의 밥에는 분명 '힘'이 있을 거라고 믿으며 아이에 대한 응원도, 사랑도, 하고 싶은 말들도…….

윤정심

Prologue

요리는
추억이다

엄마의 맛을 기억할 아이들에게,
공부하느라 힘들고 바쁜 10대 자녀를 둔,
그 아이를 바라봐야 하는 더 힘든 엄마들에게 이 책을 바칩니다.

아이들에게 요리에 대한 엄마의 생각과 레시피를 물려주려는 개인적인 이유로 시작한 블로그가 3년이 되었습니다. 이번이 세 번째인 이 책을 두고 출판사가 제안한 주제는 공부하고 힘들어 하는 우리 10대 아이들에게 위로가 되고 힘이 되는 엄마가 차려주는 집밥에 대한 것. 저의 소소한 에세이와 함께 그동안 우리집 아이들에게 만들어 먹인 음식들을 최대한 간단하고 빠르게 만드는 방법을 소개하는 것이었습니다.

고백하건대, 저는 엄마라는 이름으로 아이들에게 무엇인가 늘 열심히 만들어 먹이기는 했던 것 같습니다. 지금도 진행 중이긴 하지만요. 우리 아이들이 좋아했던 음식들, 우리집 아침 메뉴 등을 중심으로 특히 10대 자녀를 둔 바쁜 엄마들이 좀 더 빠르고 쉽게 요리할 수 있도록 제 나름의 비법 같은 것들도 소개하려 노력했습니다.

이 책을 준비하면서 개인적으로 한 가지 큰 수확은 아이들이 지금보다 더 어린 시절을 돌아보며 흐뭇한 추억에 잠길 수 있었다는 것입니다. 게다가 저의 학창 시절 친정 엄마께서 도시락 반찬으로 싸주시던 장조림과 계란말이, 감기에 걸리면 끓여주시던 쇠고기무국, 입 짧은 나를 위해 부지런히 만들어주시던 사랑의 음식들 - 너무도 당연시 여겼던 엄마의 정성 - 에 대해서 감사한 마음을 다시 한 번 느끼는 계기도 되었습니다. 엄마가 해주셨던 음식을 고스란히 물려받아 이제는 제가 가족들을 위해 요리하고 있습니다.

저는 막 결혼해서는 밥도 못 짓던 초보 요리사였습니다. 그런 제가 아이 둘을 낳고 기르며 가족의 밥상을 위해 20년간 겪었던 요리에 대한 고민과 노하우를 이 책을 통해 많은 분들과 나눌 수 있게 되어 기쁩니다. 요리는 생각보다 어렵거나 거창하지 않습니다. 이 책을 통해 공부하느라 바쁘고, 성장하느라 힘든 10대 우리 아이들을 위해 다시 한 번 우리 엄마들이 힘을 내서 요리하는 기쁨을 찾기 바랍니다. 처음 해보는 요리에도 도전해보고, 요리하기 싫은 날에는 손쉽게 해결하기도 하고, 냉장고 속 간소한 재료로 식구들과 든든하고 맛있는 한 끼를 나눌 수 있으면 좋겠습니다.

음식을 만들며 제가 줄곧 놓치지 않고자 했던 건, 가족의 건강과 행복을 위한 밥상을 차리는 것이었습니다. 아무리 정성들인 음식도 먹는 이에게 외면받으면 의미가 없기에 남편과 어린 딸들의 입맛을 적절히 만족시키고, 든든하고 영양 가득하며, 음식을 하는 엄마의 수고도 최소한으로 줄일 수 있는 밥상을 위해 늘 고민해왔습니다.

'요리는 추억'이라는 말에 공감합니다. 이 번 책을 통해 매일 밥을 지으며 지난 시절 저의 어머니의 요리에 새삼 감탄하고, 아이들 어렸을 때를 회상하며 미소 짓고 있는 저를 발견할 수 있어 제게는 무척 소중한 시간들이었습니다. 우리 아이들도 훗날 제가 해준 요리를 떠올리며 자신들의 가족과 많은 추억을 만들어가겠지요. 독자분들 역시 사랑하는 가족과의 따뜻한 밥상에 대한 추억을 가득 만들어갔으면 합니다.

마지막으로, 이렇게 많은 추억과 행복을 선물해준 가족, 친구들 그리고 이웃 모두에게 감사 인사를 전합니다.

제목 : 왁자지껄, 강예빈作

Contents

엄마 집밥의 힘을 열기 전에

계량하기 16

재료썰기 17

요리를 편하게 해주는 소소한 팁들 18

빠른 요리를 돕는 '냉동실' 비밀병기 19

아이들에게 과일을 먹이는 다양한 과일 레시피 20

과일로 만드는 맛있는 음료 21

아이들이 좋아하는 과일청 22

홈메이드 감기(예방)약 생강청 23

아이들의 BEST 간식 집에서 만드는 초간단 아이스크림&빙수 24

아이가 친구를 데려왔을 때 요리 하나로 임팩트 있게! 26

아이가 다이어트를 한다고 음식을 가릴 때 27

아이들 생일파티 인기 메뉴 28

아이가 스트레스로 가득할 때는 매콤한 요리로 시원하게 날려주세요 29

외식 대신 엄마표 맛집요리 30

엄마 사랑을 돌돌 말아 맛도 영양도 최고! 프리미엄 김밥 31

국물 맛을 좌우하는 육수와 매운 양념 68

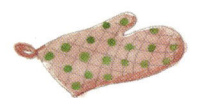    

Essay

엄마의 예언 32
딸들에게 물려주고 싶은 내 엄마의 앞치마 33
초보 엄마 시절 큰딸의 초등학교 첫 생일파티 34
큰딸 체력의 비결은 밥심 36
미술? Magic! 37
입 짧은 작은딸과 식탁 위 전쟁을 접은 사연 38
사춘기 여학생의 생일선물이 되었던 오리엔탈소스 39
편식 심한 작은딸을 위해 42
맛있는 떡국의 비밀 80
홍차소녀 88
키 크려면 땅콩 잼! 110
엄마의 마음 146
에너지 총량의 법칙 162
요리, 실력이 느는 분야 178
도시락에 대한 추억 202
도시락 보험 264
나! 울 엄마 김밥 먹고 자란 여자야 272
주방에서의 은퇴를 꿈꾸며 282
엄마의 텃밭 292
초콜릿 296

Part 1 나의 응원가, 아침 식사

🍅 만들기도, 먹기도 편한 한 그릇 밥

 대파달걀볶음밥 44
 수란밥 46
 훈제오리볶음밥 48
 베이컨볶음밥 50
 스팸마요덮밥 52

 밥버거용 밑반찬 54
 스팸달걀밥버거 56
 옛날도시락밥버거 58
 참치마요밥버거 59

 컵밥 60
 참치죽 62
 옥수수죽 64
 감자수프 66

🍅 위로가 되어주는 따뜻한 국물

 도토리묵밥 70
 달걀순두부국 72
 순두부산라탕 74
 들깨순두부 76
 참치찌개 78

- 밥 대신 든든하고 따끈한 떡국

 쇠고기떡국 82
 황태떡국 84
 장떡국 86

🍅 가끔은 간편하게! 맛있는 토스트와 샌드위치

 치즈롤 **90**
 마늘치즈토스트 **92**
 토르티야토스트 **94**
 잉글리시머핀샌드위치 **96**
 컵프렌치토스트 **98**

– 모닝빵의 무한 변신

 에그샐러드샌드위치 **100**
 달걀빵 **102**
 햄치즈팬케이크 **104**
 달걀컵빵&소시지컵빵 **107**
 고구마컵빵 **109**

🍅 여유로운 주말 아침엔 특별하게! 카페 부럽지 않은 엄마표 브런치

 모차렐라토마토파니니 **112**
 스크램블에그 **114**
 BLT샌드위치 **116**
 더치베이비 **118**
 치아바타피자 **120**

 브루스게타 **122**
 핫치킨샌드위치 **124**
 게살샌드위치 **126**
 연어샌드위치 **128**

Part 2 마음을 담은 따끈한 저녁밥

🍲 힘내라고! 고기요리 — 넉넉하게 재워둔 불고기의 변신

불고기 양념하기 133

뚝배기불고기 134

불고기김밥 136

불고기샐러드 138

불고기브리또 140

— 한 그릇 속에 모두 모여! 딸들이 좋아하는 찜닭

불고기샌드위치 142

장칼국수 144

안동찜닭 148

카레찜닭 150

짜장찜닭 152

된장돼지불고기 154

제육김밥 156

차돌박이구이와 간장소스 158

매운돼지갈비찜 160

🍲 속도 든든, 영양도 가득한 국수요리

들깨칼국수 164

간장국수&비빔국수 166

잔치국수 168

잔치국수 168

얼큰차돌박이칼국수 170

새우카레파스타 172

까르보나라스파게티 174

샐러드국수 176

🍲 피로를 풀어주는 따끈한 국물과 밑반찬

 부대찌개 180
 7분김치찌개 182
 매운어묵탕 184
 콩나물쇠고기무국 186
 차돌박이된장찌개 188

 차돌박이고추장찌개 190
 오징어채볶음&오징어채김밥 192

 어묵볶음&어묵볶음김밥 194

 쇠고기장조림 196
 돼지고기장조림 198
 김양념장 200
 김양념장 활용 요리 201

– 모두가 좋아하는 감자 반찬과 달걀말이

 김양념장 활용 요리 201
 감자베이컨조림 204
 감자카레볶음 206
 매운감자조림 208
 감자채전 210

 치즈달걀말이 212
 하트달걀말이 214
 토핑달걀말이 216
 대파달걀말이 218

Part 3 건강하게만 자라다오. 보양식과 별미요리

차돌박이콩나물불고기 222     닭개장&닭곰탕 224    육개장 226    닭한마리칼국수 228

쇠고기수육 230    온반 232    월남쌈 234    새우타코 236    하이라이스 238

– 별미 수제비

연어초밥 240    새우볶음밥 242    크림오므라이스 244    함박스테이크와 버섯소스 246    감자수제비 250

김치수제비 252    들깨수제비 254    크림소스홍합수제비 256    베이컨숙주볶음 258    토마토샐러드 260

Part 4 든든한 간식으로, 혹은 가벼운 식사로…

피자전문점보다 맛있는 토르티야로 만든 피자 …………………………

옥수수피자 266

고구마피자 268

스테이크피자 270

🍽 **배달 치킨보다 맛있는 엄마의 치킨 레시피**

 간장치킨 **274**
 핫봉 **276**
 닭강정 **278**
 데리야끼치킨 **280**

🍽 **역시 최고의 간식은 떡볶이지~**

 국물떡볶이 **284**
 짜장떡볶이 **286**
 기름떡볶이 **288**
 떡꼬치 **290**

 달걀 예찬 **293**
 데빌드에그 **294**

🍽 **특별한 날, 엄마의 쉬운 베이킹**

 당근컵케이크 **298**
 치즈케이크 **302**
 떠먹는 티라미수 **306**
 반숙카스텔라 **308**
 초코칩쿠키 **310**

– 초간단 디저트 두 가지!

 땅콩쿠키 **312**
 스모어 **314**
 캐러멜애플 **316**

Measure

계량하기

이 책에서는 재료의 양을 계량컵과 계량스푼을 이용해서 쟀습니다. 정확한 계량을 위해서는 계량컵과 계량스푼을 사용하는 게 좋지만, 일반 밥숟가락과 종이컵을 이용해도 된답니다.

● **계량컵**

계량컵은 200ml, 240ml, 250ml로 여러 가지 용량이 있어요. 이 책에서는 1컵 = 200ml 계량컵을 사용했습니다. 용량을 확인하세요. 종이컵의 경우 한 가득 채우면 200ml 정도가 된답니다.

● **가루 계량하기** (왼쪽 : 계량스푼, 오른쪽 : 밥숟가락)

가루 1큰술(15ml) = 수북하게 1숟가락

가루 1작은술(5ml) = 1/2숟가락

● **액체 계량하기**

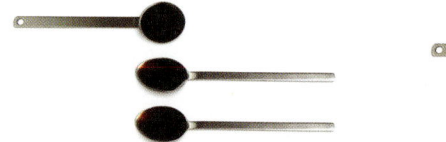
액체 1큰술(15ml) = 가볍게 2숟가락

액체 1작은술(5ml) = 2/3숟가락

● **장류 계량하기**

장류 1큰술(15ml) = 수북하게 1숟가락

장류 1작은술(5ml) = 1/2숟가락

Ingredient cut

재료 썰기

대파

❶ **송송 썰기** : 적당한 길이로 잘라 여러 개를 겹쳐 썬다.

❷ **채썰기** : 적당한 길이로 잘라 반으로 썬 다음 속대를 빼내고 가늘게 썬다.

❸ **다지기** : 세로로 길게 칼집을 여러 번 낸 다음 잘게 썬다.

양파

❶ **채썰기** : 반으로 잘라 가늘게 썬다.

❷ **다지기** : 반으로 잘라 끝 부분이 붙어 있도록 촘촘하게 칼집을 낸 다음 잘게 썬다.

오이, 당근

채썰기 : 어슷하게 썬 다음 가늘게 썬다.

고추

❶ **송송 썰기**
❷ **다지기** : 세로로 길게 2~3회 칼집을 낸 다음 잘게 썬다.

깻잎

채썰기 : 길게 돌돌 말아 가늘게 채썬다.

파프리카

채썰기 : 양 끝부분을 썰어내고 칼집을 넣어 속을 빼고, 매끈한 면이 도마에 오도록 놓고 가늘게 썬다.

요리를 편하게 해주는
소소한 팁들

● **김치 잘게 썰기**

김치를 잘게 잘라야 할 때, 도마와 칼은 NO! 밥공기와 가위를 이용하세요. 반찬으로 썰어둔 김치를 오목한 밥공기에 넣고 가위로 잘라주면 설거지도 줄고, 쉽게 잘게 자를 수 있어요.

● **베이컨 썰기**

베이컨은 포장지를 한 번 씻어 필요한 만큼 가위로 잘라 사용하고 비닐 팩에 보관하면 양을 가늠하기도 쉽고, 보관도 쉽답니다. 도마와 칼 사용도 안 하니 설거지도 줄고, 손에 묻지도 않아 편해요.

● **달걀 알끈 제거하기**

식구들끼리 먹을 계란말이나 지단을 부칠 때는 굳이 체에 내려 알끈을 제거할 필요가 없어요. 가위로 군데군데 잘라 알끈을 끊어줘도 충분해요.

● **생크림이 남았다면**

유통기간이 짧은 생크림은 사용하고 남는 경우가 많지요. 이때는 한 번 먹을 양으로 소분해서 냉동실에 넣어두세요. 베이킹을 할 때 사용할 수는 없지만 수프 등을 끓일 때 넣어주면 됩니다.

● **김 한 번에 여러 장 굽기**

오븐이 있다면 한 번에 7~8장 정도 구워주면 편해요. 170℃로 예열한 오븐(전기오븐은 예열도 필요 없어요!)에서 겹쳐서 3~4분 구워주면 된답니다. 생김을 구워도 좋고, 참기름이나 들기름을 바르고 소금을 뿌려 겹쳐서 구워도 좋아요.

● **목장갑과 비닐장갑**

주먹밥 등을 만들 때 밥이 뜨거워야 잘 뭉쳐지죠? 또는 잡채를 만들 때 뜨거운 재료들을 섞을 경우 비닐장갑 안에 목장갑을 겹쳐 끼고 만들면 좋아요.

● **비닐 팩**

적은 양의 고기를 밑간할 때, 구운 김을 부숴 김 가루를 만들 때, 전분이나 밀가루 등 마른 튀김옷을 입힐 때 비닐 팩을 이용하면 설거지도 줄고 간편해요. 마른 튀김옷을 묻힐 때는 재료보다 큼직한 비닐 팩을 이용하세요.

빠른 요리를 돕는
'냉동실' 비밀병기

● **마늘, 생강 냉동 보관**

다진 마늘은 비닐에 넣어 납작하게 얼린 다음 냉장고에서 꺼내 칼이 겨우 들어갈 정도로 살짝 녹여 1큰술 정도의 양으로 적당히 잘라 비닐 팩에 넣어 냉동실에 보관하세요. 다진 생강은 적은 양을 사용하니까 1작은술 정도의 양이 적당합니다. 고기 삶을 때 넣을 통마늘과 통생강도 냉동실에 보관하면 유용합니다.

● **대파 미리 썰어 보관**

냉장고에 용도에 맞게 파만 미리 썰어둬도 얼마나 편한지 모른답니다. 찌개용으로 송송 썬 파 1통, 육수나 다지기에 적당한 6~7cm 기장으로 썰어둔 파 1통이면 든든하지요. 냉동실에 보관해도 좋아요.

● **청양고추 냉동 보관**

한식요리뿐 아니라 양식요리의 느끼함을 잡는 데도 자주 사용하는 청양고추는 깨끗이 씻어 물기를 말린 다음 냉동실에 보관하세요. 송송 썰어서 보관해도, 통으로 보관해도 좋아요.

● **배즙 냉동 보관**

불고기를 재우거나 각종 소스를 만들 때 소량만 필요한 배즙은 그때그때 준비하려면 번거롭지요. 한번 준비할 때 넉넉하게 만들어 3큰술 정도씩 소분해서 냉동실에 얼려두세요. 전 원액기로 즙을 내서 냉동실에 보관한답니다.

● **고기 고명 냉동 보관**

비빔밥이나 국수 등에 올려주면 맛과 영양, 비주얼까지 업그레이드 되는 고기 고명도 넉넉하게 볶아 소분해서 냉동실에 넣어두면 다양하게 이용할 수 있어요. 고명뿐 아니라 물에 넣고 끓여주면 고기 육수도 낼 수 있어요. 3큰술 정도씩 소분해서 통이나 비닐 팩에 보관하세요.

● **김 가루 냉동 보관**

구운 김을 비닐에 넣어 비벼 가루를 낸 다음 냉동실에 넣어두면 국수나 주먹밥을 만들 때 편해요. 비닐 채 묶어서 냉동실에 넣어두세요.

● **예비용 밥 냉동 보관**

방금 한 뜨거운 밥을 전용 밀폐용기에 담아 살짝 한 김 빼고 뜨거울 때 뚜껑을 덮어 수분이 빠져나가지 않게 한 다음 냉동실에 넣어주세요. 먹기 전에 전자레인지에 3~4분 돌려주면 방금 한 밥과 비슷한 상태의 밥을 먹을 수 있어요. 급할 때 볶음밥이나 그라탕, 죽도 금방 만들 수 있지요.

아이들에게 과일을 먹이는
다양한 과일 레시피

아이들에게 비타민과 섬유질을 보충하기 위해 채소와 과일을 먹이기는 해야겠는데 아무래도 쉽지는 않아요. 이럴 때는 억지로 먹이기보다는 제철에 나오는 싸고 싱싱한 과일들을 예쁘게 썰어서 식사 때 후식으로 함께 먹도록 담아주거나 주스로 만들어주면 잘 먹는답니다. 또 과즙이나 청을 이용해서 덜 달고 건강한 엄마표 음료수를 만들어도 좋아요.

● **얼려 먹으면 아이들이 더 좋아해요.**

- 씨 없는 포도 : 깨끗이 씻어 물기를 제거하고 알을 떼서 얼려주세요.
- 홍시 : 그대로 얼려 먹기 전에 씻어주면 껍질을 쉽게 벗길 수 있어요. 요거트나 물, 탄산수와 같이 갈아도 맛있어요.
- 황도 통조림 : 1개씩 비닐 팩에 담거나 막대를 꽂아서 얼리면 아이들이 아이스크림처럼 잘 먹어요.

● **주스로 만들어주면 잘 마셔요. 사 먹는 주스보다 맛있으니까요.**

포도, 청포도, 오렌지, 석류, 파인애플, 수박 등은 껍질과 씨까지 먹기 힘든 과일이지만 과즙이 많기 때문에 착즙기로 내려 주스로 만들면 엄마표 건강 주스랍니다. 단 포도와 청포도는 껍질째, 오렌지와 석류, 파인애플은 겉껍질을 제거하고 만드세요.

● **토마토는 익혀서 주스로 만들면 영양가와 흡수율이 높아진답니다.**

강력한 항산화 성분인 토마토의 붉은 색소 라이코펜은 열을 가해주면 세포벽 밖으로 나와 흡수가 더 잘 된답니다. 끓는 물에 살짝 데쳐 껍질을 벗긴 완숙 토마토를 냄비에 넣고 뚜껑을 덮어 수분이 생기고 물러질 때까지 끓여 블렌더에 갈아주세요. 지용성 비타민의 흡수를 돕기 위해 올리브유도 조금 넣어주면 좋아요. 물 한 방울 넣지 않아도 진하고 맛있는 토마토주스를 만들 수 있답니다.

과일로 만드는
맛있는 음료

과일은 먹는 시간이 걸리지만 주스로 만들면 한 번에 마실 수 있어 바쁜 아침에 아이들에게 먹이기 좋아요. 과일을 먹이려는 엄마의 노력은 계속됩니다.

● **복숭아스무디(2잔)**
복숭아 큰 것 1개 + 얼린 바나나 1개 + 찬물 100ml를 블렌더에 갈아 컵에 내요.

● **피나콜라다(2잔)**
파인애플 250g + 코코넛밀크 5큰술 + 얼음물 250ml + 꿀 조금을 블렌더에 갈아 컵에 내요.

● **자두주스(2잔)**
자두 6개 + 얼음 1컵 + 물 50ml + 꿀 조금을 블렌더에 갈아 컵에 내요.

● **망고밀크(2잔)**
냉동망고 300g을 살짝 녹여 블렌더에 갈아 컵에 담고 우유 100ml + 연유 1큰술을 부어요.

● **레몬에이드(10컵)**
설탕 1.5컵 + 물 1.5컵을 약불에서 젓지 않고 끓여 시럽으로 만들어 차게 식혀요. 레몬 7~8개 정도 즙을 짜면 1.5컵 정도가 나와요. 식힌 시럽 + 레몬즙 + 물 6컵을 붓고 냉장고에 넣어 차게 보관해서 먹어요.

● **딸기라떼(2잔)**
딸기 600g + 설탕 150g
꼭지를 따고 2~4등분한 딸기를 설탕에 버무려 20분 정도 재워요 그런 다음 중간중간 저어가며 약불에서 30분 정도 끓여 식혀 블렌더에 갈아 딸기농축액을 만들어요. 농축액에 적당량의 얼음과 우유를 넣어요.

● **아보카도요거트블렌디드(1잔)**
아보카도 1/2개 + 저지방 요거트 1통(90g) + 우유 100ml + 얼음 1.5컵 + 설탕 → 블렌더에 모두 넣고 갈아 컵에 내요.

● **무알콜상그리아**
사과, 키위, 블루베리, 체리 등 각종 과일 + 레몬청(또는 올리고당) + 탄산수(+애플민트) → 잘 섞어준다.

아이들이 좋아하는
과일청

과일과 설탕을 1:0.8~1 비율로 넣어 만드는 과일청은 물이나 탄산수와 함께 섞어주면 시판 음료수를 대신할 수 있어요. 시중에서 파는 음료수에는 여러 가지 첨가물들이 있지만 엄마표로 건강하게 먹어요.

● **석류청**

석류 5개(과육 1kg 정도) + 설탕 800g
→ 석류의 겉껍질을 벗기고 알갱이에 설탕의 80%를 넣고 버무려 담고, 남은 설탕으로 덮는다.
실온에서 이틀 숙성시킨 다음 냉장고에 넣고 2~3개월 후 체에 걸러 청만 보관!

● **자몽청**

자몽 6개(과육 1.2kg 정도) + 설탕 1kg
→ 자몽은 겉껍질과 속껍질을 모두 벗겨 알갱이만 사용하세요.
병에 과육과 설탕을 번갈아 가며 담아 실온에서 이틀 숙성시킨 다음 냉장고에 넣어 보관!

홈메이트 감기(예방)약
생강청

생강은 체온을 높여 장기를 활성화시키고 감기 예방은 물론 감기 기운이 있을 때 먹으면 좋은 식재료입니다. 저는 가족의 건강을 위해 홈메이드 생강청을 만들어 감기 예방약으로 사용하고 있답니다. 날씨가 추워지기 전의 햇생강은 껍질이 얇아 벗기기도 쉽고, 즙도 많아서 생강청을 만들기 좋지요. 만들기는 조금 번거롭지만 효과가 크니 집에서 도전해보세요. 원액기가 없다면 옆집에서 잠깐 빌리시고요!

재료(2L 정도)
생강 3kg
설탕 1.5kg
배 2개
꿀 5큰술

1 | 생강 손질
뚝뚝 손으로 자른 생강은 칼로 살살 긁어 껍질을 벗겨 씻어 작게 자른다.

2 | 배즙, 생강즙 내리기
원액기로 배즙과 생강즙을 내린다.
Tip_ 둘 다 즙만 사용해요. 생강 찌꺼기는 청주를 부어 걸러 생강술로 사용하세요.

3 | 전분 가라앉히기
내린 생강즙은 1시간 정도 그대로 두고 전분을 가라앉힌다.
Tip_ 청을 만들 때 전분이 들어가면 엉기고, 떫은 맛이 나기 때문에 위의 맑은 부분만 사용하세요.

4 | 배즙 + 맑은 생강즙 + 설탕
넉넉한 냄비에 분량의 배즙과 맑은 생강즙, 설탕을 섞어 끓기 시작하면 약불로 줄여 중간중간 저어가며 1~2시간 끓인다.

5 | 4 + 꿀
농도가 생긴 생강청에 꿀을 넣고 10분 정도 더 끓인다. 올리고당 정도의 농도가 되면 완성!
Tip_ 올리고당 정도의 농도가 타서 먹기 좋은 상태입니다.

● **생강라떼**

생강의 알싸한 향과 맛 때문에 생강청을 먹기 힘들다면 따뜻하게 데운 우유와 함께 생강라떼로 즐기세요. 넉넉한 크기의 보온병에 생강청 한 스푼과 전자레인지로 데운 따뜻한 우유를 넣고 격렬하게 흔들어주세요. 저지방 우유는 거품이 잘 나지 않으니까 일반 우유를 사용하면 좋아요.

아이들의 BEST 간식
집에서 만드는 초간단 아이스크림&빙수

여름이면 아이스크림을 수시로 찾는 아이들… 시중에서 파는 아이스크림은 너무 달기도 하고 이것저것 첨가물을 많이 넣었잖아요. 집에서 달지 않고, 건강하게 맛있는 아이스크림 만들 수 있어요. 우유로 만들고, 단맛을 줄여 많이 먹어도 걱정되지 않는답니다. 초초초간단하게 만들어보세요.

● **우유 아이스크림**

재료

우유 · 연유 적당량씩
(우유 200ml당 연유 1큰술)
준비물 : 밀폐용기

1 | 우유 + 연유
넉넉한 크기의 밀폐용기에 우유를 담고 취향에 맞게 연유를 넣는다.
Tip_ 우유 200ml에 연유 1큰술 정도면 적당해요.

2 | 흔들기
밀폐용기 뚜껑을 덮고 우유와 연유가 섞이게 여러 번 흔들어 냉동실에 얼린다.
Tip_ 흔들었을 때 충분히 섞일 수 있는 공간이 넉넉한 사이즈의 밀폐용기를 준비하세요. 우유 양의 2배 정도 되는 사이즈가 적당해요.

3 | 1시간마다 흔들어 냉동하기
1시간 후 냉동실에서 꺼내 흔들어 다시 냉동실에 넣는 과정을 2~3번 반복한다.
Tip_ 시간과 횟수는 양에 따라 조절하세요.
Tip_ 살살 긁어 떠지는 정도(보통 3시간 후)가 먹기 적당해요. 시간이 더 지나면 얼어서 바로 먹을 수 없답니다.

● 쿠키앤크림 아이스크림

재료
우유 얼음(450ml)
오레오쿠키 4개
연유 1.5큰술

1 | 재료 준비
우유는 얼음틀 등에 12시간 이상 얼려서 준비한다.
Tip_블렌더의 성능에 따라 갈리지 않을 수도 있으니까 얇게 얼려주세요.

2 | 갈기
블렌더에 우유 얼음을 갈고, 오레오쿠키와 연유를 넣어 소프트 아이스크림 질감으로 갈아준다.

● 골드키위빙수

재료
우유 300ml + 물 75ml +
연유 2큰술
토핑용 골드키위 2개

키위시럽
골드키위 2개 + 설탕 1큰술

1 | 빙수용 얼음 얼리기
분량의 우유와 물, 연유를 잘 섞어 12시간 이상 얼린다.

2 | 키위시럽 만들기
잘 익은 골드키위에 설탕을 넣어 부드럽게 으깬다.
Tip_골드키위가 단단하면 블렌더에 설탕을 더 넣어 갈아도 된답니다.

3 | 담기
우유 얼음을 빙수기에 갈아 그릇에 담고, 키위시럽을 뿌린 다음 먹기 좋게 썬 골드키위를 올린다.

● 딸기빙수

재료
우유 300ml + 물 75ml +
연유 2큰술
딸기 15개 + 설탕 1.5~
2큰술
찹쌀떡 1~2개

1 | 빙수용 얼음 얼리기
분량의 우유와 물, 연유를 잘 섞어 12시간 이상 얼린다.

2 | 재료 준비
• 딸기 : 4~6등분으로 잘라 설탕에 버무려 15분 정도 둔다.
• 찹쌀떡 : 먹기 좋은 크기로 자른다.

3 | 담기
우유 얼음을 빙수기에 갈아 그릇에 담고, 찹쌀떡과 설탕에 재워 둔 딸기를 올린다.
Tip_딸기를 재우는 동안 생긴 딸기시럽을 빙수 위에 뿌려주면 더 먹음직스러워요.

● 티라미수빙수

재료
우유 300ml + 물 75ml +
연유 2큰술
티라미수 케이크 한 조각
(p.306 참조)
코코아파우더 ·
연유 적당량씩
산딸기(생략 가능)

1 | 빙수용 우유 얼음 얼리기
분량의 우유와 물, 연유를 잘 섞어 12시간 이상 얼린다.

2 | 빙수 만들기
우유 얼음을 빙수기에 갈아 그릇에 담고, 그 위에 티라미수 케이크 한 조각을 올린 다음 코코아파우더를 뿌린다.
Tip_새콤한 산딸기를 곁들이면 더 맛있어요.

아이가 친구를 데려왔을 때
요리 하나로 임팩트 있게!

아이가 종종 집으로 친구들을 데리고 올 때가 있어요. 식사 때라면 식사를 준비해야 하는데요, 요즘 아이들은 피자나 치킨 배달에 감동하지 않아요. 오랜만에 온 아이 친구들에게 멋진 친구 엄마로 기억되는 요리를 모아 보았어요. 이것저것 준비하기엔 부담스러우니까 임팩트 있는 요리 한 가지로 준비 끝!

부대찌개(p.180 참조)

매운어묵탕(p.184 참조)

닭한마리 칼국수(p.228 참조)

짜장찜닭(p.152 참조)

카레찜닭(p.150 참조)

함박스테이크(p.246 참조)

아이가 다이어트를 한다고
음식을 가릴 때

요즘 아이들은 외모에 관심이 많잖아요. 가끔 다이어트를 하겠다고 선언하기도 하고요. 성장기 아이들의 영양도 신경 쓰면서 조금 가벼운 메뉴로 다이어트를 하는 아이에게 엄마가 협조해주세요. 닭가슴살에 오리엔탈 소스를 곁들인 가벼운 샐러드, 칼로리 착한 토마토, 삶은 고구마도 좋아요. 저지방 요구르트와 우유, 체중 조절용 시리얼과 두부요리도 좋답니다. 견과류는 공복감을 덜하게 해주고 영양 보충을 위해 꼭 먹어야 한다고 강조해주세요.

가급적 탄수화물과 지방의 섭취는 줄이고, 단백질과 비타민을 충분히 섭취하면서 운동도 독려해주세요. 엄마도 산책 삼아 아이와 함께 걷는 운동을 하면 아이와 사이도 더 좋아질 거예요. 조금씩 자주 먹는 것도 공복감을 줄이고 에너지를 효율적으로 쓰는 데 도움이 된답니다. 무엇보다 중요한 건 무얼 먹느냐보다 "얼만큼", "어떻게" 먹느냐가 더 중요합니다.

닭가슴살샐러드

견과요거트

간단한식사

토마토샐러드(p.260 참조)

쇠고기수육(p.230 참조)

도토리묵밥(p.70 참조)

들깨순두부(p.76 참조)

월남쌈(p.234 참조)

아이들 생일파티
인기 메뉴

아이 생일파티 때 배달 메뉴와 포장 메뉴도 많지만 한두 가지 정도라도 엄마의 정성으로 준비해주면 풍성한 생일파티를 할 수 있어요. 다양한 먹거리가 많은 요즘 아이들도 홈메이드 요리를 좋아한답니다. 아이들도 엄마의 정성을 알아보니까요.

에그샐러드샌드위치(p.100 참조)

떡꼬치(p.290 참조)

불고기김밥(p.136 참조)

핫치킨샌드위치(p.124 참조)

핫봉(p.276 참조)

연어초밥(p.240 참조)

아이가 스트레스로 가득할 때는
매콤한 요리로 시원하게 날려주세요

스트레스 왕창 받은 날, 아이들도 매운 음식으로 스트레스를 풀더라고요. 파는 음식처럼 자극적이지 않고 엄마의 정성이 들어간 매콤한 요리로 스트레스를 날려주세요. 옆에서 같이 먹으며 엄마도 함께!

장칼국수(p.144 참조)

비빔국수(p.166 참조)

얼큰차돌박이칼국수(p.170 참조)

김치수제비(p.252 참조)

매운어묵탕(p.184 참조)

국물떡볶이(p.284 참조)

외식 대신
엄마표 맛집요리

외식도 즐겁겠지만 학교로, 학원으로 가느라 주말에도 시간 없는 아이들을 위해 줄 서서 먹는 맛집요리를 집에서 만들어주세요. 맛집보다 더 건강하게, 아이의 취향까지 고려한 맞춤 맛집! 그건 바로 엄마의 정성이 가득한 엄마표 맛집요리이랍니다.

더치베이비(p.118 참조)

차돌박이된장찌개(p.188 참조)

닭한마리칼국수(p.228 참조)

간장치킨(p.274 참조)

짜장떡볶이(p.286 참조)

반숙카스텔라(p.308 참조)

엄마 사랑을 돌돌 말아 맛도 영양도 최고!
프리미엄 김밥

요즘엔 김밥도 프리미엄급 김밥이라야 아이들에게 어필되는 시대인 것 같아요. 시판되는 김밥을 보면 다양한 재료를 넣어 가격도 비싸게 팔더라고요. 집에서도 남은 불고기나 제육볶음 등 고기 등을 넣어 고급진 재료와 엄마의 사랑까지 넣어 돌돌 말아 프리미엄급으로 만들어보세요. 맛도 영양도 최고랍니다.

제육김밥(p.156 참조)

불고기김밥(p.136 참조)

오징어채김밥(p.192 참조)

● 셀프김밥 1

구운 김(또는 김밥용 김)과 밥
단무지 · 구운 스팸 · 어린잎채소 · 날치알 적당량씩
달래간장(송송 썬 달래 50g, 양파 1/2개 간 것, 간장 2큰술, 고춧가루 · 설탕 · 국간장 · 식초 · 들기름 1큰술씩)

● 셀프김밥 2

구운 김(또는 김밥용 김)과 밥
매콤잔멸치볶음(물 2큰술, 고추장 1큰술, 맛술 · 꿀 1/2큰술씩, 고춧가루 · 식용유 1/2작은술씩)
스트링치즈 적당량

Tip_ 바글바글 끓인 분량의 양념에 기름없이 볶아낸 잔멸치를 버무린 다음 견과류 부순 것(1.5큰술)을 섞어준다.

엄마의 예언

24살 철부지였던 제가 갑자기 결혼을 한다고 하니 엄마는 걱정이 많으셨어요. 그런 저희 엄마께 시어머니께서는 "따님이 못해도 우리 아들이 자취를 오래 해서 청소도 빨래도 잘할 테니 걱정 마세요." 하고 말씀하시며 지지해주셨죠. 덕분에 결혼까지 골인할 수 있었어요.

콩깍지가 씌워 덜컥 결혼까지 했지만 신부수업은 물론 요리에도 관심이 없던 저와, 오랜 자취생 경력으로 청소와 빨래는 잘해도 요리는 젬병인 남편. 신혼여행에서 돌아와 처음으로 압력밥솥에 밥을 짓는 것부터가 난관이었어요. 도대체 물은 얼마나 넣어야 하고, 불은 어떻게 조절해야 하나요? 친정 엄마께 SOS 전화도 했지만, 결과적으로 첫 번째 밥은 실패했어요. 지금이야 전기밥솥이 있어서 편리하게 맛있는 밥을 먹을 수 있지만, 그때는 정말 밥 지어 먹는 것조차 큰일이었답니다. 어떻게 시집가면서 밥 짓는 법도 배우지 않았나 싶은 분들도 계시겠지만, 저희 엄마는 딸이 결혼해서 편히 살길 바라는 마음에 일부러 가르쳐주지 않으셨어요.

엄마는 일 년에 9번 제사를 지내는 1남 4녀의 장손이신 아버지와 결혼을 하셨어요. 정작 본인은 입맛 깐깐한 남편과 그를 닮아 까다로운 삼 남매의 식성까지 다 맞추시고, 아파트에 살면서 된장에 고추장, 간장까지 직접 담그셨지만요. 결혼해서도 아무 것도 못하는 딸을 위해 수시로 반찬과 먹거리를 챙겨주시며, 하다 보면 다 먹고 산다, 본 게 무섭다고 자라면서 먹은 거, 본 거 있어서 잘할 거다, 하고 말씀해주셨어요.

저도 이제 연년생 두 딸을 키우며 점차 요리 실력도 늘어, 이유식부터 간식, 생일파티 음식, 도시락까지 직접 만들다가 마침내 요리 블로그를 운영하며 책까지 내게 되었으니, 친정 엄마의 예언이 맞긴 맞는 듯하네요. 저의 두 딸도 예전의 저처럼 요리에 아무런 관심이 없지만, 예쁜 거 보여주며 잘 먹여서 키우다보면 훗날 자라서 잘 먹고 잘 살지 않을까 기대를 해봅니다.

Essay

딸들에게 물려주고 싶은
내 엄마의 앞치마

요리 블로그를 운영하면서 가끔 방송에 출연할 기회가 있었어요. 처음에는 방송에 나간다고 하니 얼굴이 크게 나오는 거 아닐까, 뚱뚱해보이면 어쩌지, 뭘 입고 나갈까 등등의 문제가 정작 요리보다 더 걱정이더라고요. 게다가 급하게 찾으려니 예쁜 앞치마도 보이지 않고. 처음 촬영 때는 집에 있던 앞치마를 입었어요. 그런데 그다음 방송부터는 이전과 똑같은 앞치마를 입을 수는 없어 걱정했더니 솜씨 좋은 친정 엄마께서 직접 앞치마를 만들어주기 시작하셨어요.

화려한 수가 놓인 앞치마, 앞판을 털실로 뜨개질한 앞치마, 방울을 단 앞치마……. 정성이 많이 들어간 세상에서 하나뿐인 앞치마들. 그 후로도 조금씩 만들어주셔서 지금은 고운 앞치마가 한가득!

정작 일할 때는 입지 못하는 소중한 앞치마, 곱게 입고 딸들에게 물려주려고요. 할머니의 사랑과 함께…….

Essay

초보 엄마 시절
큰딸의 초등학교 첫 생일파티

큰딸이 초등학생이 되어 처음 맞는 생일. 집에서 친구들을 불러 생일파티를 하고 싶대서 저는 흔쾌히 "오케이!" 했어요. 생일파티 음식은 배달해도 괜찮을 것 같았거든요. 햄버거든, 피자든, 심지어 백숙도 압력밥솥 채 배달되는 나라, 대한민국에 살고 있으니 쉽게만 생각했었어요.

그런데 처음 7~8명으로 예상했던 초대 인원이 점점 늘어나더니 결국 같은 반 여자아이 15명을 전부 생일파티에 초대했어요. 일단 피자, 치킨집 전화번호를 찾아두고, 맛있는 떡집과 김밥집도 섭외해두고, 케이크도 결정!

준비가 끝났나 싶었지만 아무리 생각해도 찜찜했어요. 이건 제가 해주고 싶었던 생일파티가 아닌 것 같다는 생각이 들었거든요. 생일파티를 당장 며칠 앞두고, 비상사태에 돌입!

둥둥 떠다니는 풍선은 예산초과로 무산되고 대신 일반 풍선을 테이프로 천장에 붙였어요. 여자아이 취향의 공주님 테이블보를 만들고, 예쁜 일회용 그릇도 준비하고, 아이들이 좋아할 메뉴도 폭풍 검색하기 시작했어요.

파티 전날과 당일엔 너무 바빠 숨 돌릴 틈도 없었어요. 초코칩쿠키, 치즈쿠키, 오트밀쿠키, 진저브레드쿠키도 직접 굽고, 생일 당일에는 남편과 둘이서 수십 개의 풍선을 불어서 리본을 달고, 생일 현수막도 붙이고, 색색의 과일을 꼬치로 예쁘게 꽂고, 달걀샌드위치며 참치샌드위치, 떡꼬치, 치즈스틱도 튀겼어요. 뿐만 아니라 혹시 꼬마 손님들과 함께 올 수도 있는 엄마 손님들을 위해 친정 엄마께 부탁해서 잡채와 불고기, 인절미까지 공수해왔답니다.

15명 중에 10명 정도나 오겠지 했던 생일파티였는데, 초등학교 첫 학기라 궁금한 게 많았던 엄마들까지 전부 참석해주셔서 예상보다 훨씬 많은 30명의 손님이 오셨어요. 덕분에 초보 엄마인 저에게는 정신없는 하루였죠.

다행인 건 당시 요리 초보였던 제가 양을 가늠하지 못해서 일단 많이 준비했더니, 생일파티 끝나고 돌아가시는 손님들에게 포장해줄 정도로 음식이 넉넉했다는 점이었어요. 그때 제가 수집했던 생일파티 레시피와 배달 정보는 그 후로도 이웃들과 제 친구들의 아이 생일파티에 가이드가 되었답니다. 당시 처음 만들어본 초코칩쿠키와 떡꼬치는 지금까지도 아이들의 간식 메뉴로 잘 활용되고 있고요.

며칠을 올인해야 했던 생일파티! 큰딸의 초등학교 첫 생일파티는 그렇게 끝나고, 저는 졸지에 요리 잘하는 살림꾼 엄마로 소문나게 되었어요. 몸은 힘들었지만 지금 생각해도 참 잘했다 싶어요. 처음 초등학교에 입학해서 모든 것이 낯설고 힘들었을 큰 딸아이가 즐겁게 학교생활을 시작할 수 있었던 게 그 생일파티 덕분이 아니었나 하는 생각 때문이랍니다.

생일파티에 초대받았던 아이들은 사실 음식보다 천장에 붙여 놓은 색색의 풍선과 예쁜 그릇, 공주풍 식탁보에 더 열광했던 것 같아요. 지금도 가끔 아이들이 친구를 데리고 오면 예쁜 그릇과 테이블 매트에 간식을 내주곤 한답니다.

어린 손님들이 오면 집에서 제일 예쁜 그릇을 꺼내주세요. 친구의 감탄을 받는 아이 어깨에 힘이 빡~ 들어갈 테니까요.

큰딸 체력의 비결은
밥심

큰딸은 예중 입시를 시작으로 지금까지 입시만 3번을 치렀어요. 분당에서 평창동까지 먼 거리를 통학하고, 실기레슨에 공부, 게다가 노는 것도 빼먹지 않는 큰딸의 가장 큰 힘은 체력이었어요.

큰딸이 갓난아기였을 때 모유는 양이 적어 못 먹이고, 인스턴트 이유식은 입에 넣어주는 즉시 뱉어내는 탓에 밥도 잘 못 짓는 제가 어쩔 수 없이 이유식을 만들어 먹여야 했어요.

오늘날 큰딸의 체력은 타고난 체력 50%에 가리지 않고 잘 먹는 식성 30%, 여기에 저의 노력이 20%쯤 합쳐져 만들어진 게 아닐까 생각해요.

큰딸이 통학을 시작할 때 셔틀버스를 함께 탔던 10명의 친구들은 고3을 거치며 반은 학교 근처로 이사 갈 정도로 힘든 학교 생활이었지만, 한 번도 집이 멀어서 힘들다고 한 적 없는 기특한 큰딸. 이른 새벽에도 깨우면 한 번에 일어나 투정 부리지 않고 꼬박꼬박 아침 먹고, 도시락도 남기지 않고 싹싹 비워주는 맛에 새벽밥하고, 도시락 쌌던 것 같아요.

큰딸에 이어 올해는 작은딸이 고3이라 또다시 입시가 시작되는데 작은딸은 입이 짧아서 벌써부터 걱정이네요. 작은딸! 잘 좀 부탁해!

미술? Magic!

큰딸이 미술을 시작하고 처음으로 화방에 갔어요. 전 그동안 문방구만 이용했지 화방은 그때 처음 가보았어요.

무슨 색깔인지도 모를 희한한 이름의 물감들을 브랜드별로 여러 가지로 섞어서 구입해야 하는데 처음에는 열심히 찾다가 포기하고 화방 사장님께 부탁드렸어요.

물감이 비싸 봤자 물감이지! 하고 생각했으나 웬걸, 물감들 합친 가격이 30만 원!

혹시나 잘못 계산된 건 아닐까, 금액이 적힌 종이를 뚫어져라 보니 손가락만 한 물감 하나가 만원이 넘는 것도 있더라고요!

그나마 자주 구입하지는 않아서 다행이긴 해도, 요즘도 가끔 딸이 물감 사야 한다고 하면 가슴이 철렁해요. 아이들 키우다보면 이런 경험 다들 있잖아요…….

작은딸은 애니메이션을 전공하려고 준비 중인데, 그럼 물감 값은 많이 안 들겠다, 내심 생각했더니 이번엔 마카 가격이 만만치 않은 거예요! 마카가 매직이잖아요. 가격이 Magic이더라고요……. 물감이고 마카고 전부 아껴 쓰라는 말이 절로 나온답니다.

Essay

입 짧은 작은딸과
식탁 위 전쟁을 접은 사연

제가 20대였을 때, 화장대에서 온갖 공을 다 들이고 있으면 엄마가 항상 그러셨죠. "지금이 한창때다. 화장 안 해도 얼마나 이쁘니."

세월이 흘러 자다가 생긴 베개 눌린 자국이 한참 지나도 없어지지 않고, 화장을 하는 게 예의가 되는 나이가 되니 그때 엄마 말씀이 새록새록 와 닿죠. 그 나이에는 예쁜 옷을 입지 않아도, 굳이 화장을 하지 않아도 그 자체로 빛이 나니까 말이에요. 지금은 맨 얼굴에 청바지를 걸치고 나가 엘리베이터 속 거울을 보면 어디서 일하다가 뛰쳐나온 아줌마가 하나 보이네요. 이러니 저도 요즘 아이들에게 같은 말을 하고 있어요.

나이 들며 변하는 것 중 하나가 바로 입맛이에요. 빵을 좋아하는 저는 몇 년 전까지만 해도 삼시 세끼를 빵으로 해결할 수 있었는데, 요즘은 그러면 소화가 잘 안 돼요. 모임도 밥집에서 하게 되고, 빵은 디저트로만 즐기게 됐어요. 저만 그런 게 아니라 친구들도 대부분 그러는 거 보면 입맛도 나이가 들면 저절로 신토불이가 되나 봐요.

입이 짧아서 가리는 게 많은 작은딸을 보며 입맛 까다로웠던 어릴 적 나를 닮았나, 해서 일찌감치 식탁 위 싸움을 접었어요. 작은딸도 커가면서 점차 골고루 먹는 식성으로 변하겠죠. 제가 그랬으니까요.

Essay

사춘기 여학생의 생일선물이 되었던
오리엔탈소스

큰딸은 중학교 3년 동안 도시락을 먹었어요. 고기 반찬은 그래도 종류가 다양해서 괜찮은데, 생각보다 채소로 된 반찬이 고민이었죠. 이것저것 가리지 않고 잘 먹는 큰딸도 나물이나 채소 반찬은 예의상 한 입 먹어주는 정도. 바쁜 아침부터 잘 먹지도 않는 채소 반찬 만들기도 귀찮아서 간편하게 만들기 시작한 상추샐러드!

손으로 먹기 좋게 뜯은 상추와 '오리엔탈소스'를 따로 담아주면 아이는 언제나 싹싹 깨끗이 먹어주었어요. 레시피도 간단하죠. 식초 7T, 간장 4T, 포도씨유 4T, 다진 마늘 1T, 고춧가루 2/3T, 설탕 1/2T로 만드는 약 120ml 정도의 양입니다. 식초 7T 중에서 1~2스푼은 맛있는 과일식초나 레몬으로 대체하면 더 맛있어요. 이 소스의 특징은 양상추와는 안 어울린다는 점이에요. 상추, 깻잎, 양파 등과 잘 어울려요. 메인으로 먹고 싶을 땐 구운 차돌박이나 데친 샤브샤브의 고기, 구운 닭가슴살을 올려주면 되지요. 채 썬 만두피를 튀겨서 올려도 좋고요.

특별할 게 없는 양념들을 섞어서 만드는 오리엔탈소스는 큰딸 친구들에게까지 인기 폭발이었어요. 처음 상추샐러드를 보고 네가 토끼냐며 놀렸던 친구들까지 다 한입씩 먹어보았대요. 이 레시피는 딸의 친구들뿐만 아니라 학교 엄마들 모임에서까지 인기였답니다.

하루는 큰딸이 이 소스를 한 병 만들어서 담아줄 수 있냐고 물었어요. 친한 친구가 이 소스를 너무 좋아해서 생일선물로 주고 싶다고요. 밥을 같이 먹는 친구인데 이 소스가 남으면 들고 마실 정도로 좋아한다고요. 그래서 기꺼이 소스를 만들어서 예쁜 병에 담아 상추 한 통과 함께 선물했어요. 사춘기 여학생의 생일선물이 되었던 오리엔탈소스. 맛있는 샐러드 소스로 추천합니다!

Part 1

나의 응원가
아침 식사

새벽 5시 40분, 저의 아침이 시작됩니다. 예고를 다니는 큰딸이 6시 10분에 아침을 먹어야 하거든요. 절대 아침형 인간이 아닌데도 아침에 일어나지는 걸 보면 자식이 무섭긴 무섭나 봅니다. 큰딸 아침 먹여 7시까지 학교 셔틀버스 타는 곳까지 데려다주고 오면, 이번에는 2차로 작은딸과 남편! 큰딸과 달리 작은딸은 가리는 것도 많고, 아침 먹는 걸 힘들어해서 큰딸과 다른 메뉴의 아침을 챙겨야 하는 경우도 있어요. 남편이라도 까다롭지 않아서 얼마나 다행인지……. 먼 거리 통학에 미술레슨까지 힘든 큰딸을 위해, 학교 끝나고 매일 미술학원을 향하는 작은딸을 위해, 아침밥을 안 먹으면 힘들다는 남편을 위해 오늘도 알람 소리에 벌떡 일어나 부엌으로 향합니다.

아침 메뉴… 사실 저를 뺀 나머지 식구들은 아침에도 모든 메뉴를 소화할 수 있는 강철위장들이랍니다. 아침에 스테이크, 회덮밥, 삼겹살 같은 묵직한 메뉴들도 문제없이 잘 먹거든요. 문제는 일찍 일어나는 것 자체만으로도 힘든 저에게 아침부터 지지고 볶는 식사 준비는 너무 힘들다는 거예요. 그래서 아침은 무엇보다 준비하는 제가 덜 힘든 메뉴가 최우선이 되었어요. 예를 들어 반찬 필요 없는 한 그릇 밥, 미리 준비할 수 있는 국, 찌개 등 혹은 토스트나 샌드위치로 준비하기도 하지요. 식구들이 모두 모여 먹을 수 있는 주말 아침의 경우에는 폼 나는 브런치 메뉴로 분위기를 잡기도 한답니다. 기왕하는 거 사랑도 쟁취하세요!

Essay

편식 심한
작은딸을 위해

저의 작은딸은 고기는 좋아하지만 채소는 일단 골라내요. 저를 닮아 그런 거니 억지로 먹으라고 하지 못하겠더라고요. 전 예전에 먹기 싫은 채소들을 골라 당당히(?) 식탁 위에 올려뒀는데 작은딸은 몰래 남겨서 음식물 쓰레기 봉투 속에 슬쩍 집어넣는 걸 보면 저보다 낫다 싶기도 해요. 애니메이션을 공부하는 작은딸은 미술학원에 가서 밤 늦게 오기 때문에 평일에는 아침이 유일한 집밥이라 잘 먹이고 싶은데 워낙 가리는 게 많다보니 먹이기가 만만치 않아요. 그래서 한 그릇 밥을 만들 때는 치밀한 계획이 필요하지요. 좋아하는 고기와 부추, 깻잎은 듬뿍, 양파나 파는 다지거나 채 썰어서 오래 볶아 안 넣은 듯……. 볶음밥이나 덮밥은 바쁜 아침에 만들기도, 먹기도 편한 메뉴지만 이것도 먹이고 싶고, 저것도 먹이고 싶은 엄마의 마음을 과하게 담다보면 맛이 산으로 가는 경우가 많아요. 아침용 한 그릇 밥에는 좋아하는 재료를 이용하고, 안 먹는 재료는 과감하게 빼서 욕심을 버려서 심플하게 만드는 게 좋습니다. 밥버거나 컵밥을 만들어주면 안 먹던 반찬들도 먹을 때가 있어요. 중·고등학교 다니는 다 큰 아이들도 모양이나 담긴 그릇에 따라서 평소 안 먹던 반찬들을 먹기도 하거든요. 평소 멸치볶음 안 먹는 아이도 밥버거나 컵밥에 든 멸치볶음은 먹으니까 말이에요! 작은딸에게 아침을 먹이기 위한 눈치작전은 오늘도 계속되고 있답니다.

만들기도, 먹기도 편한
한 그릇 밥

아침 시간은 무조건 바쁘잖아요. 엄마도, 아빠도, 아이들도…….
아침부터 조리고, 볶고, 튀기고 하는 음식을 만들기란 쉽지 않아요. 먹는 사람도 부담될 수 있고요.
아이들이 커가면서 아침잠이 많아지더라고요. 아무래도 늦게 자게 되니 그런 것 같아요.
저의 학창 시절을 생각해도 그때는 잠이 왜 그렇게 많았나 싶기도 해요.
지금은 엄마니까 더 자고 싶은 유혹을 뿌리치고 벌떡 일어나 커튼을 제치고 부엌으로 향합니다.
아침 식사로 이것저것 준비해보다가 가장 빠르고 먹기 편한 건 '한 그릇 밥'이라는 답을 얻었죠.
만드는 엄마는 편하고, 먹는 아이들은 밥을 먹으니 든든하고.
초간단 달걀볶음밥부터 각종 볶음밥류, 예쁘게 먹는 컵밥, 먹기 편한 밥버거,
술술 넘어가는 초간단 죽 등을 소개합니다.

Welsh Onion Egg Rice
대파달걀볶음밥

냉장고에 있는 달걀과 파로 후다닥 볶아주는 초간단 볶음밥이에요. 이것도 넣고 싶고, 저것도 먹이고 싶은 욕심은 과감히 버리세요. 파와 달걀만 넣어 심플하게 볶아야 더 맛있답니다. 파를 볶아 향을 내고, 달걀로 밥알 하나하나 코팅해서 촉촉하게 만들어요. 아이가 파를 싫어한다면 흰 부분만 넣어 몰래 숨기셔도 좋아요.

재료(2인분)

밥 2공기
달걀 3개 + 소금 약간
다진 마늘 1작은술
대파 1대
소금 · 참기름 약간씩
식용유 적당량

1 | 재료 준비하기
대파는 송송 썰고, 달걀은 소금을 넣어 잘 풀어준다.

2 | 달걀물 + 밥
풀어둔 달걀에 밥을 넣어 골고루 섞는다.

3 | 대파와 마늘 볶기
달군 팬에 식용유를 넉넉하게 두르고, 대파와 다진 마늘을 볶아 향을 낸다.

4 | 3 + 밥
3에 달걀물에 적신 밥을 넣고 볶아 소금으로 부족한 간을 한 다음 참기름을 살짝 뿌린다.
Tip_ 바닥이 넓은 팬에 밥알 표면을 익힌다 생각하고 볶아주세요.

Poached Egg Rice

수란밥

수란은 노른자를 살짝 익힌 거라서 부드러워 아침 메뉴로 좋아요. 양념간장이나 김양념장 등과 함께 곁들이면 따로 국을 준비하지 않아도 술술 잘 넘어가지요. 은근히 까다로운 수란은 식초만 있으면 어렵지 않게 만들 수 있답니다. 이제는 달걀프라이에서 벗어나 부드러운 수란을 올려보세요. 물론 늦잠 잔 날 아침에는 달걀프라이가 빠르겠지요.

재료(1인분)

밥 1공기
달걀 1개
식초 1~2큰술
어린잎채소와 새싹채소 1줌
간장(또는 김양념장 p.200 참조)
약간
참기름(또는 들기름) 약간

수란 만들기

1 냄비에 달걀이 충분히 잠길 정도로(약 5cm 이상) 물을 붓고 물이 끓으면 불을 약하게 줄이고 식초 1~2큰술을 넣어 저어준다.

2 그릇에 미리 깨놓은 달걀을 냄비 가운데 살짝 붓는다.

3 달걀 주위를 숟가락으로 한번 돌려 달걀이 퍼지지 않고 모양을 잡게 회오리를 만들어준다.

4 불을 끄고 뚜껑을 덮어 2~3분 그대로 둔 다음 채로 건져낸다.
Tip_ 식초는 물의 온도를 낮춰주고, 흰자가 퍼지지 않고 바로 응고가 되도록 도와줍니다.

수란밥 만들기

1 그릇에 밥을 담고 각종 채소와 부드러운 수란을 올린다.

2 간장이나 김양념장(p.200 참조)을 곁들인다.

3 참기름이나 들기름도 조금 뿌린다.

Smoked Duck Fried Rice
훈제오리볶음밥

아이들은 훈제오리고기를 좋아해요. 훈제오리볶음밥은 훈제오리가 남았을 때 만들기 좋은 볶음밥이랍니다. 그래서 훈제오리는 마트에 가면 자주 집어오는 식재료 중 하나지요. 훈연 향이 입혀져 있어서 별다른 조리를 하지 않아도 맛있거든요. 훈제오리볶음밥을 만들 때 해선장을 한번 이용해보세요. 단맛이 나는 중국 소스인데 이 소스가 훈제오리와 잘 어울린답니다. 볶음밥에도 해선장을 넣어주면 더 맛있게 만들 수 있어요. 다른 채소를 많이 넣는 것보다 양파와 쪽파를 듬뿍 넣어 훈제오리와 해선장의 맛과 향을 살리는 게 훈제오리볶음밥의 포인트. 해선장이 없다면 김치와 볶아도 맛있어요.

재료(2인분)

밥 2공기
훈제오리 200g
양파 1/2개
쪽파 5대
해선장 1/2큰술
소금·후춧가루 약간씩

1 | 재료 준비

양파는 다지고, 쪽파는 송송, 훈제오리는 작게 썬다.

2 | 훈제오리 볶기

달군 팬에 훈제오리를 먼저 볶아 키친타월에 올려 기름기를 뺀다.

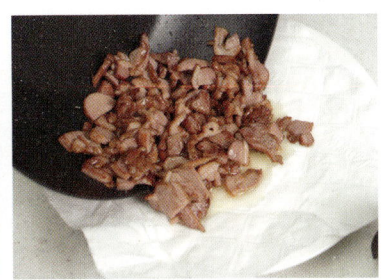

3 | 양파, 밥, 훈제오리 볶기

오리를 볶은 팬에 양파가 투명해질 때까지 볶다가 밥과 훈제오리를 넣어 볶는다.
Tip_ 기름이 너무 많으면 키친타월로 닦아주세요.

4 | 3 + 해선장, 소금, 후춧가루

해선장을 넣고 소금과 후춧가루로 부족한 간을 맞춘다.
Tip_ 해선장은 단맛이 나는 소스라 조금 넣고 나머지 간은 소금으로 맞추세요.

5 | 4 + 쪽파

불을 끄고 쪽파를 넣고 잔열로 볶는다.

해선장은 중국요리에 사용되는 소스로, 호이신 소스라고도 부르는데요. 단맛과 짠맛이 어우러진 독특한 향이 요리에 풍미를 더해줘요. 대두, 식초, 쌀, 밀가루, 마늘, 고추 등이 든 소스로 북경요리나 월남쌈, 쌀국수 등을 먹을 때 곁들여 먹으면 맛있어요. 인터넷이나 마트에서 구입 가능합니다.

Bacon Fried Rice
베이컨볶음밥

집에서 만드는 볶음밥에도 불맛을 내는 방법이 없을까? 음식점 볶음밥에서 나는 불맛을 내려면 베이컨을 충분히 잘 볶아 그 특유의 풍미를 불맛으로 변신시킬 수 있어요. 또한 마늘도 듬뿍 넣어주면 베이컨의 불맛과 마늘향이 코팅된 볶음밥을 만들 수 있어요. 베이컨볶음밥을 먹은 딸들이 하는 말, "엄마, 볶음밥에서 철판 맛이 나!"

재료(2인분)

밥 2공기
달걀 2개
베이컨 120g
마늘 10톨
홍고추·풋고추 1개씩
다진 마늘 1/2큰술
소금 약간

+고슬고슬한 볶음밥의 비법

비법 1 수분이 많은 채소를 넣을 경우 충분히 볶아서 수분을 날려주세요.
비법 2 밥은 질지 않게!
비법 3 찰보리를 섞어 지은 밥으로 볶음밥을 만들면 더 고슬고슬해요!

1 | 재료 준비
마늘은 편으로 썰고, 베이컨과 고추는 작게 썬다. 달걀은 풀어서 준비한다.

2 | 스크램블에그 만들기
달군 팬에 기름을 살짝 두르고 스크램블에그를 만들어 따로 꺼내둔다.

3 | 베이컨과 마늘 볶기
달군 팬에 베이컨을 넣어 충분히 볶아준 다음, 편으로 썬 마늘과 다진 마늘을 넣어 마늘 향을 낸다.
Tip_ 베이컨은 딱딱해지지 않을 정도로 충분히 볶아 불맛을 내주세요.
Tip_ 편으로 썬 마늘과 다진 마늘을 함께 넣어주면 좀 더 풍부한 마늘 향을 낼 수 있어요.

4 | 3 + 고추, 밥, 달걀
마늘이 노릇노릇해지면 고추와 밥, 스크램블에그를 넣어 볶고 소금으로 간한다.

Spam-Mayo Fried Rice
스팸마요덮밥

작은딸과 함께 분식점에서 스팸을 올린 덮밥을 먹었는데 뭔가 허전한 이 느낌. 아하! 깻잎! 바로 다음 날 아침 시도한 엄마표 스팸마요덮밥. 스팸은 달달하게 졸이고, 양파는 오래 볶아 단맛을 내고, 달걀은 더 부드럽고 더 푸짐하게, 깻잎은 가늘게 채 썰어서 듬뿍 올렸어요. 작은딸이 과연 양파와 깻잎을 먹어줄까 싶었는데 깻잎을 더 넣어 달라는 거예요! 특히나 남편은 이거 왜 이렇게 맛있냐며 "한 그릇 더!"를 외쳤지요.

재료(2인분)
스팸 작은 통 1/2(100g)
양파 1/2개
깻잎 4장
달걀 2개(+ 우유 1/2큰술 +
맛술 1/2작은술+소금 약간)
마요네즈 · 식용유 적당량 씩

스팸 양념
물 · 간장 · 맛술 1/2큰술씩
올리고당 1작은술

1 | 재료 준비
양파는 가늘게, 깻잎은 돌돌 말아 가늘게 채 썰고, 스팸은 사방 1cm 크기로 썬다.

2 | 스크램블에그 만들기
달걀은 우유와 맛술, 소금을 넣어 잘 푼다. 달군 팬에 식용유를 두르고 스크램블에그를 만들어 따로 덜어둔다.

3 | 양파 볶기
양파는 흐물흐물해질 정도로 충분히 볶아 따로 덜어둔다.

4 | 스팸 볶기
팬에 스팸을 볶아 노릇해지면 분량의 스팸 양념을 순서대로 넣어 볶아준다.
Tip_ 간장을 먼저 넣으면 금방 타버려요. 물을 먼저 넣어주세요.

5 | 담기
그릇에 밥을 담고, 위에 스크램블에그 → 볶은 양파 → 스팸을 올린 다음 마요네즈를 뿌려준다. 그 위에 채 썬 깻잎을 듬뿍 올려준다.

+ 마요네즈 가늘게 짜는 팁
마요네즈 입구를 접착력이 있는 랩으로 꽁꽁 싸서 포크 끝으로 살짝 구멍을 낸 다음 짜주세요.

Rice-Berger Side Dish
밥버거용 밑반찬

밥 사이에 다양한 재료를 넣은 밥버거는 바쁜 아침 빠르게 준비해서 간편하게 먹기 좋아요. 우리집 딸들이 좋아해서 자주 만들기 시작한 밥버거는 만들기도 어렵지 않고, 다양한 버전으로 무궁무진 활용할 수 있어 싫어하는 반찬들을 숨겨서 먹이기도 해요. 냉장고 속 밑반찬, 애매하게 남은 고기 반찬들로 후다닥 만들기 좋은 밥버거. 밥버거 하나에 엄마의 사랑과 잘 먹이고 싶은 욕심을 꾹꾹 눌러 담아보세요.

밥버거 준비물
김 가루

김은 가스불이나 오븐(170℃ 3~4분)에 구워 비닐에 넣고 비벼가며 부순다.
Tip_ 김 가루는 넉넉하게 만들어 냉동실에 넣어두면 편해요.

김치볶음

재료
김치 국그릇 1공기(400g)
물 200ml
대파 1/2대
식용유 적당량

소스
고춧가루 · 설탕 · 굴소스 · 참기름 1/2큰술씩
식초 약간(생략 가능)

김치는 가위로 작게 자르고, 대파는 송송 썬다. 달군 팬에 식용유를 두르고 대파를 볶다가 김치를 넣어 볶은 후 물을 부어 촉촉하게 김치를 익힌다. 그런 다음 분량의 고춧가루, 설탕, 굴소스, 참기름을 넣어 볶는다.
Tip_새콤하게 볶고 싶다면 식초를 넣어주세요.

멸치볶음

재료
멸치 국그릇 가득(100g)
아몬드나 호두 1줌(30g)
말린 마늘 1줌
마른 홍고추 1개

멸치볶음 양념
매실청 3큰술
청주 · 고추장 2큰술씩
식용유 1.5큰술
다진 생강 1/3작은술

재료 준비하기
- 멸치 : 비린내 제거를 위해 기름 없는 팬에 살짝 볶거나 키친타월을 깔고 전자레인지에 2분 정도 돌려준 다음 체에 쳐서 가루를 털어낸다.
- 마늘 : 건조기에 말리거나 편으로 썰어 준비한다.
- 마른 홍고추 : 가위로 어슷 썬다.
- 아몬드나 호두 : 다지거나 슬라이스해서 준비한다.

분량의 양념을 섞어 팬에 넣고 중약불로 끓인다. 양념이 끓으면 마늘을 먼저 넣고 끓이다가 다른 재료들을 넣어 볶는다.

꼬들단무지무침

재료
꼬들단무지 200g
쪽파 1대

양념
고춧가루 ·
참기름 2/3큰술씩
다진 마늘 1/2큰술

꼬들단무지는 물기를 꼭 짠 다음 분량의 양념을 넣고 무친다.

Spam Egg Rice Berger

스팸달걀밥버거

재료(2인분)
밥 2공기 + 김 가루 1/2장
분량 + 참기름 · 통깨 1작은술씩
꼬들단무지무침 약간(p.55 참조)
스팸 큰 통의 1/4
달걀 2개

스팸 조림장
물 · 간장 ·
맛술 1작은술씩
올리고당 1/2작은술

1 | 밥 + 김 가루, 참기름, 통깨
밥에 김 가루, 참기름, 통깨를 넣어 섞는다.

2 | 달걀 굽기
달걀을 한 개씩 풀어 달군 팬에 길게 부쳐 반으로 접어준다.

3 | 스팸 졸이기
스팸은 가늘게 썰어 앞뒤로 구운 후 스팸 조림장에 졸인다.
Tip_간장보다 물을 먼저 넣어야 간장이 타지 않아요.

4 | 밥버거 만들기
- 아래가 납작한 밥공기에 밥 1/2공기를 넣고 꾹꾹 눌러 밥 패티 2장을 만든다.
  (호떡 누르는 걸로 눌러주면 편해요)
- 쿠킹호일 위에 밥 패티, 달걀, 조린 스팸, 꼬들단무지, 밥 패티 순으로 올린다.
- 쿠킹호일로 싸서 손으로 눌러가며 햄버거 모양으로 만든다.

Old Packed Lunch Rice Berger
옛날도시락밥버거

추억의 옛날 도시락 기억하시죠? 밥과 함께 김치볶음, 옛날 소시지, 멸치볶음과 밥 위에 달걀후라이까지 얹어져 있으면 그 시절 최고의 도시락이었죠. 우리 아이들은 잘 모르겠지만, 엄마의 추억을 담아 요즘 스타일로 밥버거를 만들어줘 볼까요? 아이들도 무척 좋아한답니다.

재료(2개)
밥 2공기+김 가루 1/2장 분량
+참기름 1작은술
구운 소시지 적당량
달걀프라이 2개
멸치볶음·김치볶음 2큰술씩
(p.55 참조)

밥버거 만들기
- 아래가 납작한 밥공기에 밥 1/2공기를 넣고 꾹꾹 눌러 밥 패티 2장을 만든다.
- 쿠킹호일 위에 밥 패티 → 달걀프라이 → 소시지 → 김치볶음 → 멸치볶음 → 밥 패티 순서로 올려 스팸달걀밥버거와 같은 방법으로 만든다.

Tuna-Mayo Rice Berger
참치마요밥버거

참치마요는 활용도가 높은 음식이에요. 참치마요덮밥도 맛있지만 먹기 좋게 쏙쏙 주먹밥으로 만들어도 좋고요, 요즘 유행하는 컵밥으로 만들면 비주얼도 좋아 아이들이 좋아하지요. 이렇게 밥버거로도 만들면, 햄버거를 좋아하는 아이들에게 인기가 좋답니다.

재료(2개)
밥 2공기+김 가루 1/2장 분량+참기름 1작은술
김치볶음 2큰술(p.55 참조)
깻잎 4장

참치마요
참치 1/2캔(75g)
다진 양파 1큰술
김밥용 단무지 1줄 다진 것
마요네즈 1큰술
허니머스터드소스 1/2작은술

1 | 참치마요 만들기
참치 통조림은 기름을 따라내고 다진 양파와 단무지, 마요네즈, 허니머스터드소스를 넣어 잘 섞어준다.

2 | 밥버거 만들기
- 아래가 오목한 밥공기에 밥을 넣어 눌러준다.
- 김치볶음, 참치마요, 채 썬 깻잎을 올린 다음 다시 밥을 놓고 눌러준다.
- 쿠킹호일 위에 엎어 밥버거를 뺀 다음에 쿠킹호일로 싸서 손으로 눌러 모양을 잡는다.

Cup Rice
컵밥

재료(2인분)
밥 2공기 + 단촛물 1.5큰술
빨강·노랑 파프리카 1/4개씩
연근 4쪽
유부초밥용 조미유부 3개
멸치볶음·김치볶음 등
밑반찬들(p.55 참조)
어린잎채소·견과류
삶은 달걀 등

단촛물
식초 3큰술
설탕 1큰술
소금 1/2작은술

밑반찬, 컵밥으로 변신하다!
요즘 길거리 음식으로 컵밥이 젊은층에서 유행한다고 방송에서 본 적이 있어요. 아이디어가 좋길래 저도 아이들 도시락과 아침 메뉴로 활용하고 있어요. 밥버거에 하듯 안 먹는 반찬, 남겨진 반찬을 숨겨 올리고 엄마의 사랑을 꾹꾹 담아보아요. 안 먹던 연근이며 견과류, 파프리카까지, 아이들 먹이기에 참 좋아요.

Point_예쁜 병에 담아 리본 하나 묶어주면 근사한 도시락 완성. 오늘도 엄마의 노력은 계속됩니다.

+컵밥 만드는 팁
양념불고기, 멸치볶음, 김치볶음, 두부조림 등 다양한 반찬들을 이용하세요.
단촛물은 밥이 뜨거울 때 넣고 밥을 식혀주세요.
병에 담아 도시락으로 먹을 경우에는 재료들을 식혀 담아야 눅눅해지지 않아요.
병은 먹기 편하게 여유 있는 크기로 준비하세요.

1 | 단촛물 만들기
양념들을 그릇에 담고 비닐랩을 씌워 전자레인지에 30초 돌려서 잘 저어 녹인다.

2 | 재료 준비하기
연근은 끓는 물에 2분 정도 데치고 조미유부, 파프리카는 작게 썬다.
멸치볶음, 김치볶음 등 밑반찬과 삶은 달걀 등도 준비한다.

3 | 밥 + 단촛물, 작게 썬 연근, 유부, 파프리카
밥에 단촛물을 섞고 연근, 유부, 파프리카를 섞는다.

4 | 담기
병이나 컵에 초밥을 담고, 그 위에 밑반찬과 부순 견과류, 어린잎채소, 달걀 등을 담는다.

Tuna Porridge
참치죽

아이가 입맛이 없어 보이거나 몸이 아플 때 죽 한 그릇 끓여주고 싶은데 마땅한 재료가 없을 때, 집을 뒤지면 한 통 정도는 나오는 참치 통조림으로 맛있는 죽을 끓여주세요. 냉장고 속 채소들과 통조림 하나면 맛있고 영양 가득한 죽을 끓일 수 있답니다. 불린 쌀도 필요 없어요. 밥 한 공기만 있으면 되거든요. 준비한 육수도 없다고요? 다시마 한 조각 넣어서 끓여도 충분하답니다. 아이뿐만 아니라 엄마도 몸이 아파 죽 한 그릇 먹으면 나을 것 같은데, 해 먹을 힘이 없을 때 참치캔으로 간단히 끓여보세요. 간단하니까 남편과 딸들에게 만드는 법을 가르쳐서 제가 아플 때도 따끈한 죽 한 그릇 얻어 먹어야겠어요. 생각해보면 그것도 번거로우니, 엄마들 건강하자고요!

재료(2~3인분)

밥 1.5공기
다시마 육수 4컵
참치 통조림 1개(210g)
양파 1/4개
당근 1/8개
표고버섯 2개
쪽파 6대
참기름 1큰술
국간장 1작은술
소금 · 깨소금 약간씩
(채소류는 냉장고에 있는 재료로 해도 좋아요)

1 | 재료 준비하기
참치는 기름을 따라내고 양파와 당근, 표고버섯은 작게 다진다. 쪽파는 송송 썰어준다.

2 | 참기름에 채소 볶기
분량의 참기름에 양파와 당근, 표고버섯을 볶다가 다시마 육수를 넣어 끓인다.

3 | 2 + 밥 + 참치
육수가 끓으면 밥을 넣고 중간중간 저어가며 끓이다가 밥이 어느 정도 퍼지면 참치를 넣어 끓인다.

4 | 간하기
국간장을 조금 넣어 간하고 부족한 간은 소금으로 맞춘다.

Tip_ 국간장을 많이 넣으면 죽 색깔이 진해진답니다.

5 | 담기
그릇에 죽을 담고, 위에 쪽파와 깨소금을 올려준다.

+ 죽 끓일 때 물의 양
밥으로 끓일 때 : 밥 양의 4~5배
쌀로 끓일 때 : 불린 쌀 양의 5~6배

Corn Porridge
옥수수죽

달콤한 옥수수 통조림과 밥으로 간단하게 끓일 수 있는 가벼운 죽이에요. 곱게 갈아 묽게 끓이면 수프처럼 훌훌 마실 수도 있답니다. 먹다 남은 옥수수가 있다면 그것으로 끓이셔도 좋아요. 단맛이 덜한 옥수수인 경우 설탕만 조금 넣어주면 된답니다.

재료(4인분)

옥수수 통조림 1개(340g)
쌀밥 1/2공기(100g)
물 400ml
우유 200~300ml
소금 약간

Tip_ 옥수수가 남았다면?
옥수수피자(p. 266 참조)를 만들어보세요.

1 | 재료 준비하기
옥수수는 채에 받쳐 물기를 제거하고 밥은 죽 색깔을 위해 흰 쌀밥을 준비한다.

2 | 옥수수 + 밥 + 물
분량의 옥수수와 밥, 물을 넣고 밥이 퍼질 정도로 끓인다.

3 | 2 + 우유 넣고 갈기
2에 우유를 넣어 온도를 낮춘 다음 블렌더로 곱게 갈아준다.

4 | 농도 맞추고 간하기
우유나 물로 원하는 농도를 맞춘 다음, 소금으로 간한다.

Potato Soup
감자수프

밥은 아니지만 밥반큼 든든한 수프가 바로 감자수프지요. 토핑을 듬뿍 올리면 웬만한 밥보다 든든하고, 영양가도 가득합니다. 전날 감자수프 베이스를 만들어두면 바쁜 아침에도 금세 끓여낼 수 있어서 아침 메뉴로 강력 추천입니다. 쪽파를 올려 산뜻함을 더해주면 우리 입맛에 더 맛있어요. 감자수프 한 그릇으로 아이들 아침을 든든하게 채워주세요.

재료(3~4인분)

감자수프 베이스 3국자(450ml 정도)
우유 250ml
물 적당량
슬라이스치즈 1장
소금 약간
생크림 약간(생략 가능)

토핑

크루통 ·
구운 베이컨 ·
슬라이스치즈 ·
모차렐라치즈 적당량씩
쪽파 3대

감자수프 베이스(7~8인분)

감자 4개(600g)
양파 1/2개
물 600ml 정도
버터 · 밀가루 1큰술씩
식용유 적당량

1 | 감자수프 베이스 만들기(전날 만들어 놓으면 좋아요)

- 감자, 양파 썰기 : 감자는 껍질을 벗겨 큼직하게 썰고, 양파는 채 썬다.
- 감자 삶기 : 감자에 물을 자작하게 붓고 푹 삶는다.
- 양파 볶기 : 버터에 식용유를 살짝 두르고 양파를 흐물흐물해질 때까지 볶다가 밀가루를 넣고 5분 이상 볶는다.

Tip_ 밀가루를 넣고 충분히 볶아야 밀가루 맛이 나지 않아요.

- 감자 + 물 + 볶은 양파 → 갈기

감자 삶은 냄비에 볶은 양파를 더해 블렌더로 곱게 간다.

Tip_ 이 상태로 냉장고에서 4일 정도 보관 가능합니다.

2 | 토핑 준비

- 크루통 만들기(p.91 참조)
- 베이컨 : 작게 잘라 바삭하게 구워 키친타월 위에 올려 기름기를 제거한다.
- 쪽파 : 송송 썬다.
- 치즈 : 좋아하는 치즈는 작게 잘라 넣거나, 갈아서 수프에 바로 넣어준다.

Tip_ 슬라이스치즈는 비닐 위로 썰어 작게 잘라주면 칼에 붙지 않아요.

3 | 감자수프 끓이기

- 감자수프 베이스에 우유를 넣고 물을 적당히 넣어 농도를 조절해서 저어가며 끓인다.
- 슬라이스치즈와 소금을 넣어 간한다.
- 그릇에 담고 토핑을 올린다.

Tip_ 생크림을 조금 넣어주면 더 고소한 감자수프를 만들 수 있어요.

국물 맛을 좌우하는
육수와 매운 양념

● 다시마 육수

두툼한 다시마에 물을 부어 냉장고에 넣어두고 필요한 만큼 쓴 다음 다시 물을 부어 보관하며 사용할 수 있어요. 2~3번 정도 우려서 사용 가능합니다. 우려낸 다시마는 조림에 넣어 주면 쫄깃쫄깃 맛있어요.

● 멸치 육수

멸치 육수 재료

물 3L, 멸치 2컵, 마른 새우 1/3컵, 다시마 사방 10cm 1장, 무 적당량(표고버섯, 대파 뿌리, 양파 등) 분량의 재료들을 찬물부터 넣고 끓으면 10분 후 다시마는 먼저 건져내고 10~15분 끓여 육수만 걸러주세요.

- 넉넉하게 끓인 멸치 육수는 다양한 국물요리 준비를 편하게 해주지요. 냉장고에 4일 정도 보관이 가능하답니다. 필요한 양만큼 냉동실에 나눠 보관해도 좋아요.

매운 양념이 들어간 요리

부대찌개(p.180 참조)

닭한마리칼국수(p.228 참조)

김치수제비(p.252 참조)

● 미리 만들어두면 좋은 매운 양념

매운 양념 재료

고추장 4큰술, 고춧가루 · 액젓 · 맛술 · 국간장 · 다진 마늘 2큰술씩, 다진 생강 · 혼다시 1작은술씩
냉장고에 보관하고 만들어 3~4일 숙성 시키면 더 맛있어요.

- 제가 요리할 때 요긴하게 사용하는 양념은 바로 매운 양념인데요. 넉넉하게 만들어 냉장고에 넣어두고 매운 국물요리에 다양하게 이용할 수 있습니다. 매운탕, 전골, 부대찌개, 매운 국수요리 등에 이용하세요. 설탕이 들어 있지 않은 양념이라 국물요리에 적당합니다. 볶음요리에 이용할 때는 설탕이나 올리고당 등을 보충하여 사용하면 된답니다.

위로가 되어주는
따뜻한 국물

따뜻한 국물은 누군가에게는 위로가 되고, 추운 날에는 몸을 덥혀주지요.
쌀쌀한 계절이 돌아오면 우리 아이들의 속도 따뜻한 국물로 데워주자고요.
이불을 뿌리치고 힘들게 일어나 따끈한 국물을 후루룩 마시면 좀 더 힘이 나겠지요.
입 짧은 작은딸도 후루룩, 땀 뻘뻘 흘려가며 마지막 국물까지 다 마시는 남편도 후루룩.
따뜻한 국물은 몸뿐 아니라 마음까지 따뜻하게 해주지요. 잠이 덜 깬 아침에는 속을 살살 달래서
하루를 부드럽게 시작하게 해주는 따뜻한 국물요리도 좋겠지요.

Acorn Jello Rice
도토리묵밥

탱글탱글하고 식감도 좋은 묵은 아이들도 잘 먹는 식재료지요. 전날 육수와 재료들을 준비해두면 아침에 일어나 10분이면 만들 수 있어서 사계절 아침 식사로 제가 잘 활용하는 메뉴입니다. 여름에는 시원한 육수로, 겨울에는 따뜻한 육수로 준비해주세요.

재료(2인분)
밥 2공기
멸치 육수 600ml
도토리묵 160g
김치 1/2공기(100g)
쪽파 3대
김 가루 · 통깨 약간씩

김치 양념
고춧가루 · 설탕 · 들기름
1/2작은술씩

1 | 재료 준비하기
묵은 4cm 길이, 0.7cm 두께로, 쪽파는 송송 썬다. 김치는 그릇에 담아 작게 자른 다음 분량의 양념을 섞어준다.

2 | 묵 데치기
묵은 끓는 물에 2분 데치거나 멸치 육수에 넣어 데쳐 건진다.

3 | 담기
그릇에 밥을 담고, 위에 데친 도토리묵과 김치를 올린 다음 뜨거운 멸치 육수를 담아준다.
그 위에 쪽파와 김 가루, 통깨를 솔솔 뿌려준다.

Soft Tofu and Egg Soup
달걀순두부국

순두부는 야들야들 부드러워서 술술 잘 넘어가요. 딸들도 두부를 별로 좋아하지 않지만 야들야들 순두부는 좋아해서 순두부를 요리에 많이 이용한답니다. 입 깔깔한 아침에는 순두부를 이용하면 좀 더 부드러운 아침 식사를 준비할 수 있어요. 부드러운 순두부 요리는 바쁜 아침, 수프처럼 먹기 좋아서 단골 메뉴가 되었어요. 순두부 대신 두부를 이용해도 좋아요.

+순두부를 더 탱글탱글하게 먹는 비법
두부를 팩에서 분리해서 미리 6시간 이상 냉장고에 넣어두면 물이 빠져나와 쫀득한 식감을 준답니다.

재료(4인분)

순두부 1팩(350g) → 미리 팩에서 분리해두면 좋아요.

멸치 육수 800ml
대파 1/4대
달걀 2개
국간장 · 다진 마늘 1작은술씩
소금 약간

1 | 재료 준비하기
달걀은 풀어서 준비하고, 파는 송송 썬다.

2 | 멸치 육수 + 순두부
멸치 육수가 끓으면 순두부를 한 스푼씩 떠 넣어준다.

3 | 간하기
다진 마늘과 국간장을 넣어 한소끔 끓인다.

4 | 달걀과 대파 넣기
풀어둔 달걀을 넣고 10초 후 수저로 휘휘 젓고, 대파를 넣으면 완성.

Tip_ 국간장을 많이 넣으면 국물 색깔이 진해져 탁해지므로 부족한 간은 소금으로 맞추세요.

Soft Tofu SanRa Stew
순두부산라탕

육즙 가득한 만두, 샤오롱빠오를 좋아해서 자주 가던 식당이 있었는데 함께 꼭 주문하던 요리가 바로 산라탕이에요. 처음 먹었을 때는 시고, 달고, 매운맛에 이게 뭐지 했는데 수저를 놓을 수 없을 만큼 중독성이 있는 거예요. 게다가 두부를 별로 좋아하지 않는 딸들까지 잘 먹어서 집에서도 해먹기 시작한 메뉴가 산라탕이랍니다. 꽤 호불호가 갈릴 듯한 맛인데 이상하게 다들 좋아하는 메뉴라 친구들에게도 많이 알려준 레시피지요. 단단한 두부를 이용해도 되지만 순두부를 넣어 훌훌 먹기 좋게 만들면 아침 메뉴로도 좋아요. 술 마신 다음 날 남편의 해장국으로도 추천해드려요. 먹을수록 시고, 달고, 매운맛에 빠져드는 중독성 있는 산라탕… 점점 식초의 양을 늘려 새콤하게 먹게 된답니다.

재료(4인분)

순두부 1팩(350g) → 미리 팩에서 분리하면 좋아요.
멸치 육수 4컵
다진 쇠고기 100g
다진 마늘 1큰술
애느타리버섯 1줌
표고버섯 1개
홍고추 1개
쪽파 5대
물전분(전분 2큰술+물 4큰술)
달걀 1개
간장·식초 2~3큰술씩
두반장 1~2큰술
설탕 1큰술

1 | 재료 준비하기

애느타리버섯은 가늘게 뜯고, 홍고추와 쪽파는 송송, 표고버섯은 먹기 좋게 썬다.

2 | 다진 쇠고기와 다진 마늘 볶기

달군 냄비에 기름을 살짝 두르고 다진 쇠고기와 다진 마늘을 넣어 덩어리지지 않게 볶는다.

3 | 2 + 멸치 육수 + 순두부, 버섯

2에 멸치 육수를 넣고 끓으면 버섯을 넣고, 순두부는 한 수저씩 떠 넣어 끓인다.

4 | 간장, 식초, 두반장, 설탕으로 간하기

Tip_ 취향에 따라 양념의 양은 조절하세요.

5 | 4 + 홍고추, 물전분, 달걀

국물이 끓으면 홍고추를 넣고, 물전분을 넣고 저어가며 농도를 맞춘다. 걸쭉한 농도가 되면 풀어둔 달걀을 넣고 10초 정도 후에 저어준다.

Tip_ 농도는 중국집 게살수프 정도로 맞추세요.

6 | 담기

그릇에 담아 쪽파를 올린다.

Perilla Seed and Soft Tofu Soup

들깨순두부

들깨는 식이섬유도 많고 오메가3 성분은 뇌의 활동을 촉진하여 머리를 맑게 하여 학습능력을 높여주는 등 좋은 식품이지요. 들깨순두부는 고소하고 영양 많은 들깨를 넣어 끓여 은근한 고소함에 계속 숟가락이 가는 맛있는 국물요리랍니다. 고소하니까 아이들도 맛있게 잘 먹어요.

재료(4인분)

순두부 400g(국물 있는 몽글
몽글한 순두부가 잘 어울려요.)
멸치 육수 1컵
애느타리버섯 3줌 + 간장 1.5큰술
청양고추 1/2~1개
대파 1/2대
들기름 1/2큰술
다진 마늘 · 국간장 1/2큰술씩
들깨가루 3~4큰술

1 | 재료 준비하기
애느타리버섯은 가늘게 뜯어 간장을 넣어 밑간하고, 대파는 송송 썰고, 청양고추는 다진다.

2 | 들기름에 버섯 볶기
달군 팬에 들기름을 두르고, 밑간한 버섯을 볶는다.

3 | 2 + 몽글몽글 순두부, 멸치 육수
2에 순두부를 국물까지 다 넣고, 부족한 육수는 멸치 육수로 보충해서 자작하게 만든다.

4 | 3 + 다진 마늘, 청양고추, 대파 + 들깨가루, 국간장
국물이 끓으면 다진 마늘, 청양고추, 대파를 넣어 끓이다가 들깨가루를 넣고 국간장으로 간한다.

Tuna Stew
참치찌개

참치 통조림은 집에 별다른 재료가 없을 때 볶음밥이나 찌개를 끓여낼 수 있는 참 좋은 식재료지요. 마땅한 재료도 반찬도 없는 날, 참치 통조림과 냉장고 속 채소들을 긁어모아 끓이면 밥에 비벼 먹거나 쌈 싸먹기도 좋아요. 국물이 먹고 싶으면 육수의 양을 늘려도 되는 초간단 찌개랍니다.

재료(4인분)

참치 통조림 2개(165g×2개)

다시마 육수 1.5컵

양파 · 감자 1/2개씩

표고버섯 2개

청양고추 1개

대파 1/2대

고춧가루 · 다진 마늘 · 맛술 · 국간장 1/2큰술씩

된장 1큰술

1 | 재료 준비하기

참치 통조림은 기름을 따라낸다. 감자, 양파, 표고버섯, 청양고추, 대파는 송송 썬다.

2 | 재료 담아 끓이기

냄비에 양파와 감자를 깔고, 그 위에 참치와 다른 채소들을 얹는다. 그 다음에 고춧가루, 다진 마늘, 맛술, 국간장, 된장을 넣고, 다시마 육수를 부어 끓인다.

Tip_ 취향에 따라 육수의 양은 조절하세요.
Tip_ 밥을 비벼 먹어도 맛있고, 쌈 싸 먹어도 맛있어요!

Essay

맛있는 떡국의 비밀

제 친구 딸이자 작은딸의 친구 M이, 제가 해준 요리 중에 지금까지 제일 맛있다고 하는 요리가 떡국이에요. 친구가 가끔 그 말을 전해줄 때면 그런가 보다 했어요. 그런데 최근에도 또 친구의 떡국을 타박하며 "아줌마의 떡국이 정말 맛있었다"고 칭찬했다고 해서 저도 그 비밀을 파헤쳐 봤죠.

비싼 고기도 아니고, 참기름에 고기 달달 볶다 물 부어 육수 낸 다음 떡국 떡 넣고 끓였을 뿐인데 도대체 뭐가 맛있다며 두고두고 이야기를 하는 걸까? 제대로 고민해본 끝에 얻은 떡국의 비밀은 바로 국간장이었어요.

떡국은 국간장 외에 별다른 양념을 하지 않기 때문에 맛을 결정하는 데 국간장이 큰 비중을 차지해요. 전 친정 엄마의 국간장을 항상 사용하고 있었기 때문에 그 차이를 몰랐던 거예요.

당연하게 받아먹던 국간장의 소중함을 확인하는 순간이었지요.

친정 엄마께 떡국의 비밀에 대해 말씀드렸더니 가끔 아는 분께 국간장을 담아서 선물하면 그분도 떡국 끓일 때만 아껴서 넣는다고 하셨대요.

떡국을 위해 좀 더 좋은, 맛있는 국간장을 구입하시라고 말씀드리고 싶어요. 혹시 직접 담근 맛있는 국간장이 생긴다면 그건 꼭 떡국을 위해 아껴두세요.

밥 대신 든든하고
따끈한 떡국

떡은 맛도 좋지만 식사 대용으로 유용한 좋은 음식이지요.
특히 밥 대신 든든하게 먹이고 싶을 때는 떡국을 추천해드려요.
마땅하게 끓일 국이 없을 때나 밥과 국을 대신하는 한 그릇 떡국은 아침에 먹기 좋답니다.
아이들도 쫄깃한 떡과 따끈한 국물을 좋아하지요.
여기서는 쇠고기떡국, 황태떡국, 장떡국 3가지를 소개해드리는데요,
모두 국물이 아주 맛있다고 장담하는 레시피랍니다. 특히 더 맛있는 떡국을 위해 맛있는
국간장을 별도로 준비해보세요. 아침 한 끼가 거뜬하게 해결된답니다.

Beef Rice Cake Soup
쇠고기떡국

전날 쇠고기 육수를 미리 만들어두면 아침에 금방 끓일 수 있는 떡국은 저의 단골 아침 메뉴예요. 멸치 육수에 깔끔하게 끓여도 맛있지만 아이들은 역시 고기 국물을 좋아하더라고요. 진한 쇠고기 육수에 끓인 떡국 한 그릇이면 하루를 든든하게 시작할 수 있겠죠? 충분히 끓인 쇠고기 육수에 맛있는 국간장이면 준비 끝!

재료(3~4인분)

쇠고기(양지머리) 150g
+ 참기름 1/2큰술
떡국 떡 500g
물 1.5~1.7L
대파 1/2대
다진 마늘 1큰술
달걀 2개
김 가루 약간
국간장 2~3큰술
소금·후춧가루 약간씩

1

2

3

4

1 | 쇠고기 육수 내기
달군 냄비에 참기름을 두르고, 작게 썬 쇠고기를 볶다가 물을 부어 센 불로 끓이다가 보글보글 끓으면 중불로 낮춰 30분 이상 끓인다.
Tip_ 육수는 30분 이상 끓여야 진한 맛이 우러나 맛있어요.
Tip_ 아침에는 바쁘니까 전날 끓여 놓으면 편해요.

2 | 재료 준비하기
김은 구워 비닐에 넣어 부수고, 파는 송송 썰고, 달걀은 풀어둔다.
Tip_ 냉동 떡국 떡이라면 미리 꺼내 찬물에 담가 놓으면 좋아요.

3 | 육수 + 떡국 떡 간하기
육수가 끓으면 떡국 떡을 넣고 끓이다가 다진 마늘과 국간장, 소금으로 간한다.

4 | 달걀, 대파, 후춧가루 넣기
풀어둔 달걀을 넣고 10초 정도 후에 저어주고, 대파와 후춧가루를 넣는다.

Dried Pollack Rice Cake Soup
황태떡국

영하의 추위 속에서 찬바람을 맞으면서 더욱 담백하고 고소해지는 황태는 가족들의 건강을 위한 필수 식재료예요. 영양 성분의 55~60%가 단백질인 황태는 명태에서 황태가 되는 5~6개월 동안 단백질의 양이 2배로 늘어난다고 해요. 황태는 지방 함량도 낮아 담백하지요. 황태와 무, 다시마를 넣어 진하게 육수를 내서 시원하고 깔끔하게 맛을 낸 육수에 떡국을 끓이면 맛과 영양이 가득한 떡국이 된답니다. 딸들도 고기 듬뿍 넣은 떡국만큼 담백한 황태떡국도 좋아해요. 더불어 남편의 해장국으로도 이만한 게 없겠죠?

+황태와 북어의 차이는?

황태와 북어는 바람에 말리는 것은 같아요. 북어는 눈이 오면 거둬들여 습기 없이, 황태는 눈을 맞혀 적당한 습기를 머금게 말려주는 게 다르답니다. 그래서 육질은 북어가 쫀득하고, 황태는 좀 더 부드럽지요.

재료(3~4인분)
떡국 떡 500g
황태 육수 6컵
달걀 1개
다진 마늘 1큰술
국간장 1/2큰술
소금 약간

황태 육수
황태 70g
무 200g
다시마 10X10cm
물 10컵
(황태 육수는 전날 만들면 좋아요)

고명
황태살+국간장 1작은술
+참기름 약간
송송 썬 쪽파 약간

1 | 황태 육수 만들기
큼직하게 썬 무, 두툼한 다시마, 황태를 큼직하게 잘라 넣고, 30분 이상 진하게 끓인다.
Tip_ 다시마는 10분 후 먼저 건져내세요.
Tip_ 고명으로 쓸 황태살은 따로 담아 국간장과 참기름으로 밑간!
Tip_ 황태 육수는 전날 만들어 놓으면 편해요.

2 | 1 + 떡국 떡
황태 육수에 떡국 떡을 넣고 끓이다가 다진 마늘과 국간장, 소금으로 간한다.

3 | 3 + 달걀
떡국 떡이 익으면 달걀을 풀어 넣어 10초 후 휘젓는다.

4 | 담기
그릇에 떡국을 담고, 송송 썬 쪽파와 고명용으로 밑간 한 황태살을 얹는다.

Soybean Paste Rice Cake Soup
장떡국

숯불에 구운 지글지글 생선구이, 공항 뒤편에 시원한 막국수, 우연히 발견한 밥집의 보글보글 해물된장찌개, 시장의 쫀득쫀득 닭강정, 얼큰하게 끓여낸 칼칼한 장칼국수… 이게 뭐냐구요? 강원도 여행을 가면 꼭 먹고 오는 음식들이에요. 특히 몇 년 전 처음 먹어본 장칼국수는 얼큰한 국물요리를 좋아하는 가족들에게 감동이었답니다. 국물을 좋아하지 않는 제 입맛에도 정말 맛있었어요. 그래서 여행에서 돌아오자마자 바로 끓여봤어요. 처음에는 칼국수로 끓여 먹다가 어느 날 떡국으로도 끓여 먹으면 어떨까 싶어서 끓여봤는데 칼국수보다 더 맛있는 거예요! 요즘은 장칼국수보다 장떡국을 더 자주 끓여 먹게 되었어요. 얼큰한 국물요리를 좋아하신다면 떡국도 얼큰하게. 이 레시피 그대로 칼국수를 넣어 끓여도 맛있답니다. 꼭 밥을 준비하세요! 밥 말아 먹어도 정말 맛있거든요.

재료(2인분)

떡국 떡 300g
멸치 육수 4컵
표고버섯 1개
호박 1/8개
대파 1/2대
다진 마늘 1.5큰술

고추장 3큰술
된장 1큰술
국간장 1/2큰술
김 가루 적당량

고기 고명

다진 쇠고기 100g
간장 1/2큰술
맛술 1/2큰술
다진 마늘 · 참기름 1작은술씩

1 | 고기 고명 만들기
다진 쇠고기는 분량의 양념으로 밑간해서 덩어리지지 않게 부숴가며 볶는다.
Tip_ 넉넉하게 만든 고명은 냉동실에 소분해서 넣어두면 편해요. 남은 불고기로 대신해도 좋아요.

2 | 재료 준비하기
대파는 송송, 호박과 표고버섯은 채 썬다. 달걀은 풀어두고, 김은 구워 비닐에 넣어 비벼 가루를 낸다.

3 | 멸치 육수 + 떡국 떡, 표고버섯, 호박
멸치 육수가 끓으면 떡국 떡, 표고버섯, 호박을 넣어 끓인다.

4 | 양념하기
다진 마늘, 고추장과 된장, 국간장으로 간을 맞춘다.
Tip_ 고추장과 된장은 3:1 정도 비율이 적당해요.

5 | 4 + 대파, 달걀
대파를 넣고 풀어둔 달걀을 넣어 10초 정도 있다가 저어주면 완성!

6 | 그릇에 담기
그릇에 떡국을 담고 위에 고기 고명과 김 가루를 얹어준다.
Tip_ 냉동실에서 꺼낸 고기 고명이라면 떡국에 넣고 같이 끓여주세요.

Essay

홍차소녀

홍차를 좋아하는 작은딸.

외모 꾸미기보다 예쁜 찻잔을 더 좋아하는 소녀.

아기자기한 티팟에 우린 홍차에

샌드위치나 케이크 한 조각을 곁들이며

우아하게 자기만의 시간을 즐기곤 하지요.

홍차소녀가 어른이 되어서도

잠깐의 티타임을 즐길 줄 아는 여유로움을 간직하길 소망합니다.

가끔은 간편하게!
맛있는 토스트와 샌드위치

한국 사람은 밥심이라지만, 가끔은 영양균형을 생각한 토스트나 샌드위치가 밥보다 더 훌륭할 때가 있어요. 만드는 방법과 모양에 따라 안 먹던 재료들도 먹기도 하니까 여러 가지 빵들로 다양한 토스트와 샌드위치를 만들어 아침을 대신하기도 해요. 입맛 까탈스러워 오랫동안 식탁에 앉아 제 눈치만 보는 작은딸도 언제 먹었는지 모르게 먹는 토스트와 샌드위치는 저에게는 정말 고마운 메뉴랍니다.

Cheese Roll
치즈롤

식빵에 치즈를 넣어 돌돌 말아 따끈하게 구운 치즈롤은 바쁜 아침에 하나씩 먹고 가기 좋은 메뉴예요. 한 개만 먹어도 식빵 한 개에 치즈 1장 먹는 셈이니까 점점 든든해지거든요. 달달한 잼과 짭조름한 치즈가 은근 잘 어울리는 치즈롤. 치즈를 별로 좋아하지 않는 딸들도 요렇게 돌돌 말아서 넣어주면 맛있다고 먹어요. 아이들이 늦잠 자서 챙기고 나가기도 바쁜 아침이라면 치즈롤 하나 구워 손에 들려주세요. 잘라 낸 식빵 테두리는 크루통을 만들면 아이들이 심심할 때 먹을 수 있는 간식이 된답니다.

재료(4개 분량)
샌드위치용 식빵 4장
슬라이스치즈 4장
과일잼 · 식용유 적당량

1 | 식빵 밀대로 밀기
식빵은 테두리를 잘라내고 밀대로 밀어 납작하게 만든다.

2 | 치즈롤 만들기
식빵 안쪽에 잼을 바른 다음 치즈를 올려 돌돌 말아준다.
Tip_ 딸기잼, 사과잼 등 새콤달콤한 잼이 잘 어울려요.
좋아하는 치즈를 다양하게 이용하세요.

3 | 식용유 바르기
치즈롤 표면에 식용유를 발라준다.

4 | 굽기
달군 팬에 식빵을 굴려 가며 노릇노릇하게 구워준다.

재료(4인분)
식빵 3개 정도 분량

마늘허브오일
올리브유 3큰술
다진 마늘 1/2큰술
허브 · 파마산치즈 1작은술씩

+ 남은 식빵으로 크루통 만들기
샌드위치 만들 때 잘라낸 테두리나 식빵이 남았을 때, 크루통으로 만들면 좋아요.

식빵은 먹기 좋은 크기로 자르고, 분량의 마늘허브오일을 만들어 자른 식빵과 가볍게 버무린 다음 200℃로 예열한 오븐에서 10~12분 정도 굽거나 팬에 바삭하게 구우면 된다.

Garlic Cheese Toast
마늘치즈토스트

마늘빵과 치즈토스트를 합쳐 뜨끈하게 구워 먹는 토스트예요. 친구에게 알려줬는데 아이들이 너무 좋아해서 연속 3일 동안 해먹었다고 하더라고요. 치즈는 단백질뿐 아니라 칼슘, 미네랄 등 몸에 필요한 대부분의 영양소가 가득한 식재료라 성장기 아이들에게 정말 좋답니다. 따끈하게 막 구워낸 마늘빵에 잘 녹은 치즈가 듬뿍… 맛이 없을 수가 없겠죠?

재료(1개)	마늘버터
식빵 2장	버터 1큰술
슬라이스치즈 2장	다진마늘 1작은술
모차렐라치즈 약간	파슬리 약간
까망베르치즈 약간	

1 | 마늘버터 만들기
실온에서 부드럽게 된 버터에 다진 마늘과 파슬리를 섞어준다.

2 | 마늘버터 바르기
식빵의 한쪽 면에만 마늘버터를 발라준다.
Tip_ 양쪽을 다 바르면 느끼할 수 있어요.

3 | 식빵 구워 치즈 올리기
약한 불로 달군 팬에 마늘버터 바른 면이 아래쪽에 가도록 놓아 굽고, 그 위에 치즈들을 올린다.
Tip_ 까망베르치즈, 체다치즈, 모차렐라치즈 등 3종류를 올렸어요.
Tip_ 다진 마늘이 들어 있어서 쉽게 탈 수 있어요. 불 조절을 잘해서 타지 않게 구워주세요.

4 | 샌드위치 만들기
식빵 2장을 겹쳐 앞뒤로 구워 속의 치즈를 완전히 녹인다.

Tortilla Toast
토르티야토스트

짭조름한 스팸과 달걀, 치즈와 양파를 토르티야에 넣어 먹기 좋게 만든 토스트예요. 요즘 인기인 요리 프로에 나왔던 레시피를 좀 더 먹기 편하게, 맛있게 업그레이드 했답니다. 내용물이 잘 빠지지 않아 먹기도 편하고 식어도 맛있어요. 아침 메뉴로도 좋지만 출출해지는 오후에 아이들 간식으로도 참 좋지요.

재료(2개)

토르티야 6인치 2장
스팸 2쪽
달걀 2개
슬라이스치즈 1장
모차렐라치즈 적당량
양파 1/2개
꿀 약간

1 | 재료 준비하기
스팸은 납작하게 썰고, 양파는 채 썬다.

2 | 스팸, 달걀 굽기
달군 팬에 기름을 살짝 두르고 스팸을 굽는다.
스팸의 한쪽 면이 구워지면 뒤집어 놓고, 달걀은 노른자를 터뜨려 구워준다.

3 | 양파, 스팸, 치즈, 꿀 올리기
달걀이 살짝 익으면 양파와 구운 스팸, 슬라이스치즈 반쪽, 모차렐라치즈를 올린 다음 꿀을 조금 뿌린다.

4 | 토르티야 덮어 굽기
3 위에 토르티야를 덮어 뒤집은 다음 토르티야 양쪽을 접어 앞뒤로 눌러가며 구워준다.

English Muffin Sandwich
잉글리시머핀샌드위치

영국에서 아침으로 먹는다는 달지 않은 납작한 빵, 잉글리시머핀…….
여기에 여러 가지 재료들을 넣어 샌드위치를 만들어 먹으면 맛있는데요. 우리집 아이들은 달걀, 햄, 치즈, 세 가지만 넣어서 먹는 걸 제일 좋아하더라고요. 달걀은 프라이를 해도 좋지만 얇게 지단을 부쳐 겹쳐 넣어주면 부드러워 더 맛있답니다. 담백한 잉글리시머핀에 부드러운 달걀지단과 짭조름한 치즈를 넣은 든든한 아침 샌드위치랍니다.

재료(2개)
잉글리시머핀 2개
햄 2~4장
치즈 2장
머스터드소스 적당량

달걀지단
달걀 3개
우유 4큰술
소금·설탕 1/4작은술씩
맛술 2~3방울

1 | 달걀지단 굽기
달걀지단 재료를 잘 섞고, 달군 팬에 기름을 살짝 두른 다음 지단 분량의 반을 부어 살짝 익히고 잉글리시머핀 크기로 2번 접어준다.

2 | 샌드위치 만들기
구운 잉글리시머핀 안쪽에 머스터드소스를 바르고 사이에 구운 햄, 치즈, 달걀지단을 넣어준다.
Tip_ 허니머스터드소스, 홀그레인 머스터드소스 다 좋아요.

Cup French Toast
컵프렌치토스트

식빵 한 봉지 사면 2~3장 정도 남아서 냉동실에 들어갔다가 결국 버리게 되는 경우가 많아요. 냉동실은 블랙홀 같아서 한번 들어가면 도대체 어디에 있는지 다시 찾기도 힘들잖아요. 프렌치토스트는 먹다 남은 조금 마른 듯한 식빵으로 만들기 좋은 요리예요. 식빵을 달걀과 우유에 촉촉히 적셔 팬에 구워 잼이나 과일을 곁들여 먹거든요. 프렌치토스트를 먹기 편하고 모양도 예쁘게 컵케이크 모양으로 만들었더니 딸들이 정말 좋아하더라고요. 역시 아이들도 예쁜 게 좋은 거죠. 전 딸기잼과 땅콩버터, 딸기잼과 크림치즈 두 가지 맛으로 만들었는데 좋아하는 잼들을 이용해서 다양하게 만들 수 있답니다.

재료(5개씩 두 가지 맛)

식빵 4장
(견과류 약간)
딸기잼 + 땅콩버터
딸기잼 + 크림치즈
→ 좋아하는 잼을 다양하게 이용하세요.

달걀물

달걀 1개 + 우유 100ml

1 | 딸기잼, 땅콩버터, 크림치즈 바르기

식빵 안쪽에 딸기잼과 땅콩버터(크림치즈)를 바른다.

2 | 식빵 겹쳐 자르기

딸기잼과 땅콩버터(크림치즈)를 바른 식빵을 겹쳐 주사위 모양으로 썬다.

3 | 달걀물 + 2

달걀과 우유를 잘 풀어 자른 식빵을 넣어 적신다.

4 | 유산지컵에 담아 굽기

달걀물을 적신 식빵을 유산지컵에 적당히 담고, 180℃로 예열한 오븐에서 10~12분 정도 구워준다.
Tip_ 위에 견과류를 올려 구우면 좋아요.

Egg Salad Sandwich
에그샐러드샌드위치

삶은 달걀을 마요네즈로 버무린 샐러드를 넣은 든든한 샌드위치예요. 달걀이 메인 재료라 퍽퍽할 수도 있고, 마요네즈 소스라 끝맛이 느끼할 수 있는데 사과와 쪽파, 식초를 넣어주면 이 두 가지를 다 해결할 수 있답니다. 사과의 새콤한 맛과 아삭한 수분감이 에그샐러드를 산뜻하게 해주고, 쪽파와 식초는 느끼함을 잡아주거든요. 부드러운 달걀에 아삭한 사과가 씹혀 식감도 좋아지고, 식초는 레몬보다 강력한 새콤함을, 쪽파는 피클과는 다른 산뜻함을 주지요. 에그샐러드는 사이드디쉬로 활용해도 좋아요.

재료(3개)

식빵 6장

에그샐러드

완숙 달걀 6개
양파 · 사과 1/4개씩
쪽파 3대

소스

마요네즈 1큰술
허니머스터드소스 ·
식초 1/2큰술씩

1 | 재료 준비하기

완숙 달걀, 양파, 사과는 다진다. 쪽파는 송송 썬다.
Tip_ 사과는 껍질째 넣어도 좋아요.
Tip_ 양파와 사과는 겉돌지 않게 최대한 얇게 썰어서 다져주세요.

2 | 에그샐러드 만들기

1에 분량의 소스들과 식초를 넣어 잘 버무린다.

3 | 샌드위치 만들기

식빵은 한쪽 면만 살짝 구워 에그샐러드를 넣어 샌드위치를 만든다.
- 칼 위로 샌드위치를 눌러주면서 썰면 속이 빠지지 않아요.
- 샌드위치를 포장할 때는 마트에서 구입한 과일이나 채소가 담겨 있던 투명 케이스를 활용하면 좋아요.

Egg Bread
달걀빵

딸들이 어릴 때 다니던 유치원 앞에 달걀빵 파는 트럭이 있었어요. 요즘은 달걀빵이 흔하지만 그때는 속에 팥 든 것만 팔 때라 달걀빵이 인기였거든요. 팥을 별로 좋아하지 않는 딸들이 매번 간식으로 사달라고 해서 집에서 핫케이크가루를 이용해서 만들어 먹기 시작했어요. 그 사이 식빵으로도 만들어 먹고, 모닝빵으로도 만들어 먹었는데 아침 식사용으로는 햄과 감자를 이용한 이 달걀빵이 제일 맛있답니다. 달걀빵 속에 감자와 햄, 치즈까지! 가벼운 아침 식사로도 출출할 때 간식으로도 좋아요. 여러 개 구울 때는 오븐으로 만들면 편하고, 1~2개 만들 때는 전자레인지를 이용하세요. 전자레인지를 이용할 때는 노른자를 터트린 후 돌리는 것 잊지 마세요! 잘못하면 전자레인지 청소를 대대적으로 하셔야 해요.

재료(6개)

샌드위치용 햄 12장
감자 1~2개
달걀 6개
모차렐라치즈 · 허브 약간씩

1 | 재료 준비하기

감자는 삶아서 0.5cm 두께로 동그랗게 썰고, 유산지컵을 머핀틀에 끼워둔다.

Tip_ 감자를 전자레인지에 삶는 방법 : 감자를 깨끗이 씻어 껍질째 전용 용기에 물 한 스푼과 같이 넣어 전자레인지로 5분 정도 돌려 익힌다.

2 | 햄, 감자 넣기

유산지컵에 햄 2장을 가운데가 겹치게 넣어준 다음 안쪽에 감자를 눌러 넣어준다.

+ 전자레인지에서 구울 때

전자레인지를 이용할 경우에는 한 개씩 넣어주고, 젓가락으로 꼭 노른자를 터뜨려 주세요. 노른자를 터뜨리지 않으면 터진답니다.

3 | 달걀 넣고, 모차렐라치즈와 허브 올리기

달걀을 깨넣고, 위에 모차렐라치즈와 좋아하는 허브를 올려준다.

4 | 오븐이나 전자레인지로 굽기

180°C로 예열한 오븐에서 18분 정도 굽거나 전자레인지에 한 개씩 넣어 1분 20초 정도 돌린다.

Ham Cheese Pancake
햄치즈팬케이크

언젠가 TV 방송중, 길거리 음식 특집에서 팬케이크 속에 소시지를 넣어 핫도그처럼 만들어주는 메뉴가 시선을 끌더라고요. 마침 집에 그릴 소시지도 있고, 팬케이크 가루도 있어서 그날 아침 메뉴로 만들었는데 식구들 반응이 폭발적이었답니다. 다음 날 딸들이 어제 먹은 거 또 만들어 달라고 해서 이틀 연속 아침 메뉴가 되었지요. 왜 인기 메뉴가 되었는지 알겠더라고요. 팬케이크가 적당히 익고 모양이 잘 잡히는 타이밍을 잘 맞추면 예쁘게 만들 수 있어요.

재료(4개)
그릴소시지 4개
슬라이스치즈 4장
케첩·허니머스터드소스 적당량

팬케이크 반죽 8장 분량
팬케이크가루 250g
우유 150ml
달걀 1개
식용유 1작은술

채소샐러드 4개 분량
채 썬 양배추 2줌
양파 1/8개
당근 적당량
마요네즈 3큰술
허니머스터드소스 1작은술

1 | 소시지 데치기
끓는 물에 소시지를 넣어 살짝 데친다.

2 | 팬케이크 반죽하기
시판 팬케이크 가루에 분량의 우유, 달걀, 식용유를 잘 섞어준다.

3 | 채소 샐러드 만들기
양배추, 양파, 당근은 가늘게 채 썰어 분량의 소스들을 섞어준다.

4 | 만들기
달군 팬에 기름을 키친타월로 닦아내듯 발라준 다음 약불에서 반죽 3수저 정도 양을 올려 얇게 굽는다. 위쪽에 구멍이 숭숭 생기고 반죽이 거의 다 익으면, 치즈와 채소 샐러드, 소시지 순으로 올려 양쪽 끝을 들어 잡아준다.

5 | 케첩, 허니머스터드소스 뿌리기
소시지 위에 케첩과 허니머스터드소스를 가늘게 뿌려주면 완성.

모닝빵의
무한 변신

캐나다 사는 친구가 홈파티 가는 날이면 저는 은근히 압력을 준답니다.
"새로운 거 있나 잘 보고와!" 친구가 숙제 했다면서 알려준 컵빵 레시피는
다양한 재료들을 모닝빵 속에 담아 구워 가볍게 먹기 좋더라고요.
재료에 따라 무궁무진하게 만들 수 있답니다.
아이들이 좋아하는 재료로 다양한 우리집만의 컵빵을 만들어보세요.

Egg Cup Bread & Sausage Cup Bread
달걀컵빵&소시지컵빵

컵빵 만들 준비
1 머핀틀에 식용유를 발라둔다.
2 모닝빵은 가운데를 뜯어 재료를 넣을 공간을 만든다.
3 머핀틀에 모닝빵을 꾹꾹 눌러 담아 모양을 잡는다.
Tip_ 머핀틀이 없다면 그냥 구워도 상관없어요.

뜯어낸 빵 활용법
뜯어낸 빵에 허브솔트와 올리브유를 넣어 잘 섞어 동그랗게 뭉쳐 같이 구워서 먹으면 맛있어요.

달걀컵빵

재료(3개)
모닝빵 · 달걀 3개씩
모차렐라치즈 · 버터 적당량

모닝빵 속에 달걀을 깨 넣고, 위에 모차렐라치즈와 버터를 올려 180℃로 예열한 오븐에서 15분 정도 굽는다.

소시지컵빵

재료(3개)
모닝빵 3개
그릴소시지 1개
슬라이스치즈 ·
모차렐라치즈 적당량
시판 토마토스파게티소스 3큰술
양파 1/4개

1 | 재료 준비하기
그릴소시지는 3~4등분한다.
소스 : 양파를 다져 시판 토마토스파게티소스와 섞어 소스를 만든다.
Tip_ 집에 있는 버섯, 파프리카 등의 채소를 이용하세요.

2 | 컵빵 만들기
모닝빵 속에 소스를 담고, 소시지를 박아 넣어 머핀틀에 담고 위에 치즈들을 올린다.

3 | 굽기
180℃로 예열한 오븐에 15분 정도 굽는다.

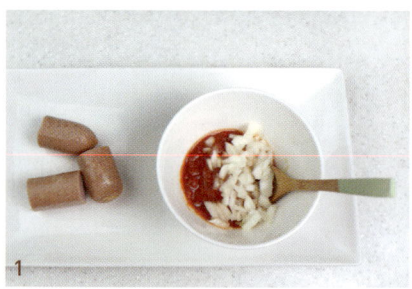

Sweet Potato Cup Bread
고구마컵빵

재료(5개)

모닝빵 5개
(견과류·시나몬 파우더 조금씩)

고구마무스

찐 고구마 2개
우유 3큰술
크림치즈·버터 1작은술씩

1 | 고구마무스 만들기

찐 고구마는 뜨거울 때 으깨서 우유와 크림치즈, 버터를 넣어 섞어준다.
Tip_ 고구마의 종류에 따라 우유의 양은 조절해주세요. 단맛이 덜한 고구마는 올리고당이나 꿀을 넣어 단맛을 보충하면 좋아요.

2 | 컵빵 만들기

모닝빵 속에 고구마무스를 채우고 취향에 따라 견과류, 시나몬 파우더 등을 올린 다음 식용유를 살짝 바른다.

3 | 굽기

180℃로 예열한 오븐에서 15분 정도 굽는다.

키 크려면 땅콩 잼!

제가 어릴 때 집에 항상 있는 먹거리는 식빵과 땅콩 잼이었어요. 엄마가 미국에 계신 큰외삼촌 댁에 가신 적이 있는데, 그때 사촌들의 키가 엄청나게 컸대요. 뭘 먹여서 그렇게 크냐고 물었더니 식빵과 땅콩 잼을 먹여서 그런가 하셨다는 거예요.

요즘처럼 마트에서 땅콩 잼을 팔 때도 아니라 남대문시장에 있는 수입시장에서 땅콩 잼을 공수해와 저희 삼남매에게 수시로 먹이려고 하셨어요. 집에서 만든 수제 딸기 잼만 먹다가 고소한 땅콩 잼을 맛보니 어찌나 맛있던지……. 수저로 막 퍼먹을 정도였어요. 그때 정말 식빵과 땅콩 잼을 먹었던 덕분인지 저희 삼남매 모두 작은 키는 아니지만, 어렸을 때 약간 통통했던 것도 다 식빵과 땅콩 잼 때문이 아니었나 싶어요.

어쨌건 수많은 잼들 중에서 제가 가장 좋아하는 잼은 아직도 단연 땅콩 잼이랍니다. 물론 제 딸들에게도 먹였어요. 요즘엔 다른 맛있는 게 많아서인지 딸들은 그리 즐기지는 않지만요.

여유로운 주말 아침엔 특별하게!
카페 부럽지 않은 엄마표 브런치

평일 아침 시간에는 아이들 챙기느라 분주하잖아요. 저 또한 평일 아침은 새벽부터 눈코 뜰 새 없이 바빠요. 엄마도 사람인지라 일주일에 하루 이틀 정도는 늦잠을 자줘야 하는데 아이들이 고등학생이 되니까 주말에 학원을 가는 경우도 많아 그것도 여의치 않더라고요. 예고를 다니는 큰딸은 여름과 겨울 방학에는 토요일에도 학교에 가기 때문에 늦잠을 잘 수 있는 주말이나 공휴일의 아침은 너무나 소중하답니다. 아이들이 어릴 때는 제발 좀 늦게 일어나라 빌어도 일찍 일어나 배고프다고 엄마를 깨우더니 이제는 특별한 일이 없으면 깨울 때까지 일어나질 않아요. 일찍 깨워서 좀 더 알차게 보내야 하지만 이제는 엄마가 게을러져서 자게 놔두게 되네요. 이런 주말이면 저도 느긋하게 일어나 가족들끼리 우아하게 브런치 집을 찾아 하루를 시작하고 싶지만 시간적으로도 여유가 없고 비용도 너무 많이 들더라고요. 그래서 시작된 주말 엄마표 브런치. 카페처럼 예쁘게 차려 아이들과 밀린 이야기 나누어요.

Mozzarella Tomato Panini
모차렐라토마토파니니

파니니 열풍을 불러일으킨 파니니 전문점에서 먹어보고 감동 받은 메뉴에요. 처음 가게가 오픈했을 때 1시간 줄 서서 기다려 먹었을 만큼 인기가 많았어요. 특히 토마토와 모차렐라 치즈만 들어 있는 이 파니니는 특별할 것 없는 재료인데도 정말 맛있더라고요. 식구들에게도 맛보여 주고 싶어서 포장을 할까 했는데 파니니의 생명은 따끈함이라 직접 만들어주자 싶어서 재료를 사 들고 들어왔지요. 처음 만들었을 때는 맛은 있지만 뭔가 5% 부족한 거예요. 그 후로 다양한 파니니를 집에서 만들어 먹다가 그 이유를 알았답니다. 바로 센 불에서 굽는 것. 이 작은 차이가 파니니의 맛에 결정적인 역할을 하지요. 토마토를 좋아하지 않는 작은딸이 이 파니니 속 토마토는 두툼하게 넣어도 맛있게 먹어준답니다.

재료(1개)

치아바타 1개
완숙 토마토 1개
모차렐라치즈 덩어리 ·
발사믹소스 적당량

1 | 재료 준비하기
토마토와 모차렐라치즈는 0.7cm 두께로 썬다. 치아바타는 반으로 자른다.

2 | 파니니 만들기
치아바타 위에 모차렐라치즈와 토마토를 올리고 발사믹소스를 뿌려 파니니 그릴이나 팬에서 눌러가며 굽는다.

3 | 굽기
- 팬에서 굽는 방법 : 충분히 달군 팬에 파니니를 올리고 무거운 도마나 냄비 뚜껑으로 눌러 구워주세요.
- 파니니 그릴에 굽는 방법 : 충분히 달군 그릴에 파니니를 올려 겉면을 바삭하게 구워준다.

+ 맛있는 모차렐라토마토파니니 만들기
토마토는 완숙 토마토를 준비하고, 실온에 미리 꺼내 찬 기운을 없애요. 파니니는 센 불에서 구워야 표면은 바삭하고, 속은 부드럽게 구워져 맛있답니다.

1

2-1

2-2

3-1

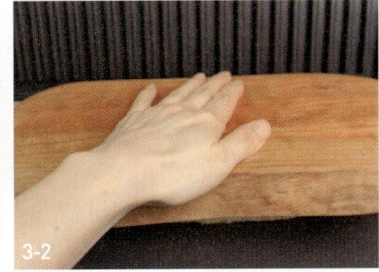
3-2

3-3

Scramble Egg

스크램블에그

브런치 메뉴하면 제일 먼저 떠오르는 스크램블에그. 다양한 재료들을 넣어 만들 수 있죠. 시금치를 버터에 볶아 곁들여도 좋고, 버섯과 치즈를 넣어도 좋고요. 각자의 취향에 맞는 스크램블에그를 만들어주면 주말 아침을 즐겁게 시작할 수 있답니다. 따로 곁들여 먹어도 좋지만 식빵 사이에 넣어 샌드위치로 만들어 먹어도 좋아요. 스크램블에그에 소시지, 빵 한 조각, 과일 등을 예쁘게 담아 브런치 전문 카페처럼 분위기 내보자구요!

재료(2인분)

달걀 4개
시금치 1줌
슬라이스치즈 1장
버터 1큰술
소금 약간

+ 소시지 칼집 넣기
소시지는 칼집을 내서 구우면 좋은데, 파채 칼이 있다면 X자로 칼집을 내서 구워보세요. 식감도 좋고 빨리 익어요.

1 | 재료 준비하기
달걀에 소금을 조금 넣고 잘 풀어 시금치의 잎 부분과 치즈를 적당히 손으로 뜯어 넣어준다.

2 | 만들기
달군 팬에 버터를 녹여 달걀물을 부어 약불에서 익힌다. 달걀이 엉기기 시작하면 바로 바깥에서 안쪽으로 섞어 부드럽게 익혀준다.
Tip_ 익히는 정도는 취향에 따라 조절하세요.

BLT Sandwich
BLT샌드위치

Bacon + Lettuce + Tomato

베이컨, 상추, 토마토는 BLT샌드위치의 기본 재료예요. 상추는 양상추, 상추, 로메인, 다 좋아요! 기본 재료만 넣어도 맛있고, 좋아하는 재료들을 더 추가해서 좀 더 푸짐하게 만들어도 되지요. 식구들이 양상추보다 상추를 좋아해서 전 주로 상추나 로메인을 이용한답니다. 재료를 푸짐하게 넣는 샌드위치의 경우에는 식빵을 파니니 그릴로 눌러 납작하게 하거나 밀대로 눌러 구워 만들면 먹기 좋게 만들 수 있답니다.

재료(2개)
식빵 6장
베이컨 ·
상추 · 토마토 적당량
슬라이스치즈 2장

마요네즈 소스
마요네즈 3큰술
허니머스터드소스 1큰술

매콤소스
올리브유 2큰술
핫소스 1~2작은술
허브솔트 약간

1 | 재료 준비하기
베이컨은 살짝 구워주고, 토마토는 0.7cm 두께로 썬다. 상추는 씻어서 물기를 제거한다.

2 | 소스 만들기
분량의 재료들을 섞어 두 가지 소스를 만든다.

3 | 샌드위치 만들기
식빵은 토스터기나 팬, 파니니 그릴에 눌러 구워 안쪽에 마요네즈 소스를 바른다. 구운 베이컨, 식빵, 상추, 토마토, 매콤소스, 치즈, 식빵 순서로 올려 샌드위치를 만든다.
Tip_ 식빵은 밀대로 밀어 부피를 줄여 구우면 먹기 편해요.
Tip_ 구운 식빵은 눅눅해지지 않게 서로 띄어서 식혀주세요. 사이사이 젓가락을 끼워둬도 좋아요.

Dutch Baby
더치베이비

독일식 팬케이크로 알려진 더치베이비는 실제로는 미국 시애틀의 한 카페에서 시작된 메뉴라고 해요. 팬에 구워서 만드는 일반 팬케이크와 달리 더치베이비는 오븐에 구워서 만들어요. 처음에 봤을 때는 가운데가 푹 꺼진 비주얼이 얼마나 신기하던지…….

오븐 예열하면서 같이 달궈둔 무쇠팬에 반죽을 부어 익히면 가열된 반죽 속 수분이 순식간에 증발하면서 부풀어 올랐다가 오븐에서 꺼내면 식으면서 가운데가 꺼지는, 알고 보면 단순한 원리로 만들어진 요리예요. 더치베이비는 만들기는 어렵지 않은데 무쇠팬이 없으면 실패할 확률이 높아요. 저도 다른 팬에 만들었다가 실패하고 세일 기간에 이 더치베이비를 위해 무쇠팬을 구입했지요. 스테이크를 담아도 폼 나고, 따끈하게 온도를 유지하기 쉬운 무쇠팬은 더치베이비를 위해서가 아니라도 활용도가 높답니다.

재료(23cm팬 1개)
달걀 3개 + 설탕 1큰술
소금 약간
밀가루 · 우유 1/2컵씩
버터 1큰술

토핑
레몬 1쪽
블루베리 · 키위 등 과일 듬뿍
가루설탕 약간

+ 무쇠팬
무쇠팬은 예쁜 대신 관리가 번거롭고, 들 수 있을 때 사용해야 한다고 할 정도로 무게가 상당해요. 하지만 관리만 잘하면 오래 쓸 수 있고, 비싸지 않은 제품들도 많이 나와요. 요즘은 관리하기 편하게 무쇠팬을 코팅해주는 서비스도 있으니까 번거로워서 망설이셨다면 코팅 서비스를 이용해보는 것도 괜찮답니다.

1 | 팬과 함께 오븐 예열하기
깊이가 있는 무쇠팬에 버터를 올리고 210℃로 예열하면서 오븐에 팬을 같이 넣어 달궈준다.
Tip_ 예열하는 동안 달궈진 무쇠팬이 반죽 속 수분을 순식간에 증발시키면서 부풀게 만든답니다.

2 | 반죽 만들기
달걀에 분량의 설탕과 소금을 넣어 거품기로 저어준다.
여기에 체 친 밀가루를 넣고 풀어준 다음 우유를 넣어 잘 섞어준다.

3 | 반죽 부어 굽기
달궈진 무쇠팬을 흔들어 버터를 고루 펴고, 반죽을 부어 예열된 오븐에 넣고 15분 정도 구워준다.
Tip_ 오븐 온도와 시간은 오븐에 따라 적당히 조절하세요.

4 | 토핑 올리기
오븐에서 꺼낸 더치베이비에 레몬즙을 뿌리고, 과일들을 올린 다음 가루설탕을 뿌려준다.

Ciabatta Pizza
치아바타피자

치아바타는 인공첨가물을 사용하지 않고 통밀가루, 맥아, 물, 소금 등의 천연재료로만 만든 담백한 이탈리아 빵이에요. 직역하면 '슬리퍼'라는 뜻이라는데 빵이 슬리퍼를 닮아서 그런가 봐요. 따끈하게 데워 올리브유에 찍어 먹어도 맛있고, 빵에 힘이 있어서 샌드위치나 파니니를 만들기도 좋답니다. 예전에는 치아바타를 구입하기가 쉽지 않았는데 요즘은 프렌차이즈 빵집에서도 구할 수 있어요. 전 집 앞 단골 빵집에서 치아바타를 구입해서 파니니를 자주 만들어 먹는데요. 한번은 원래 파니니를 만들어 먹으려고 구입했던 치아바타로 냉장고에 애매하게 남아 있던 스파게티소스를 이용해 피자를 만들었는데 담백하면서도 바삭한 게 정말 맛있는 거예요! 만들기는 쉽고, 브런치 카페 못지않은 맛과 비주얼에 딸들도 엄지 척!

재료(2개)	피자소스
치아바타 1개	시판 토마토스파게티소스 4큰술
모차렐라치즈 듬뿍	양파 1/8개
	풋고추 1개

1

2-1

2-2

3

1 | 피자소스 만들기
분량의 시판 스파게티소스에 양파와 풋고추를 다져 섞는다.

2 | 치아바타피자 만들기
반으로 자른 치아바타 안쪽에 피자소스를 바르고 모차렐라치즈를 올린다.

3 | 굽기
오븐이나 그릴에서 윗면이 약간 갈색이 나게 구워주면 완성.

Tip_ 에어프라이어를 이용하면 정말 간단해요. 180℃로 5분이면 맛있게 구워진답니다.
Tip_ 오븐 : 200℃ 15분

브루스게타
Brustchetta

브루스게타는 납작하게 잘라 구운 빵 위에 각종 재료를 얹어 먹는 전채요리를 말해요. 토마토를 즐기지 않는 식구들이 토마토를 맛있게 먹는 방법 중 하나가 토마토 살사를 올려 브루스게타로 먹는 거에요. 작게 썬 토마토와 양파, 쪽파를 섞어 간단하게 만들 수 있는 토마토살사를 바게트나 치아바타 등 담백한 빵에 올려 먹으면 가벼운 식사로 좋답니다. 우리집 식구들은 치아바타에 올려 먹는 걸 좋아해서 가벼운 아침식사나 주말 브런치로 자주 먹는답니다.

재료(2인분)

바게트·치아바타 등 담백한 빵

브루스게타

방울토마토 12개
양파 1/4개
쪽파 3대
핫칠리소스 1작은술
소금·올리브유 1/2작은술씩
후춧가루 약간
레몬즙 1/2큰술

1 | 재료 썰기

방울토마토는 6~8등분 하고 양파는 다지고 쪽파는 송송 썬다.

2 | 1 + 핫칠리소스, 소금, 올리브유, 후춧가루, 레몬즙

1에 분량의 양념들을 넣어 잘 섞어준다.

3 | 담기

바게트나 토르티야, 치아바타, 깜빠뉴 등 담백한 빵에 곁들인다.

Tip_ 사워크림이나 아보카도 딥을 같이 곁들여도 좋아요.
Tip_ 나초칩과 곁들이면 술안주로도 좋아요.

1

2

+ 곁들이면 좋은 아보카도 딥 만들기

잘 익은 아보카도 1개, 레몬즙(라임즙) 1~2큰술 → 부드럽게 으깨준다.

Hot Chicken Sandwich
핫치킨샌드위치

가끔 샌드위치도 매콤하게 먹고 싶을 때가 있잖아요. 역시 나는 대한민국 아줌마! 닭가슴살 통조림에 핫칠리소스로 매운맛을 낸 샌드위치는 빵 먹고 나면 김치 생각나는 입맛에도 딱 맞는 샌드위치랍니다. 매운 거 좋아하는 큰딸의 입맛도 사로잡은 매콤한 치킨 샌드위치로 가끔 핫하게 드세요.

재료(4개)

핫도그빵 4개(또는 모닝빵, 식빵)
닭가슴살 통조림 2캔(135g×2)
양파 1/2개
파프리카 1/4개
로메인 4장
어린잎채소 1줌
버터 1/2큰술

핫칠리소스 2큰술
후춧가루 약간
마요네즈·
허니머스터드소스 적당량

1 | 재료 준비하기
- 닭가슴살 통조림 : 국물을 따라낸다.
- 양파와 파프리카 : 가늘게 채 썬다.
- 로메인과 어린잎채소 : 씻어서 물기를 제거한다.

2 | 재료 볶기
버터에 양파가 흐물흐물해질 때까지 볶다가 닭가슴살과 파프리카를 볶는다.

3 | 2 + 핫칠리소스, 후춧가루
2에 핫칠리소스와 후춧가루를 넣어 매콤하게 볶는다.

4 | 샌드위치 만들기
반으로 자른 핫도그 빵 한쪽에는 마요네즈, 다른 한쪽에는 허니머스터드소스를 바르고, 사이에 로메인, 닭가슴살볶음, 어린잎채소를 넣어준다.
Tip_모닝빵이나 식빵도 좋아요.

Crab Meat Sandwich
게살샌드위치

게살이 처음 나왔을 때 진짜 게살일까 궁금해 했었어요. 진짜는 아니지만 맛있고 사용하기 편한 사랑스런 재료죠. 맛살은 먹고 남는 경우가 많은데 여기에 양파와 양배추를 넣어 아삭함을 더해 빵 사이에 넣어주면 평범한 재료로 만든 특별한 샌드위치가 돼요. 불을 쓰지 않고 만들 수 있는 샌드위치라 더 마음에 들어요.

재료(2인분)

치아바타 2개
크래미 6개
양파 1/8개
양배추 1줌
오이 1/4개
로메인 2장

마요네즈 3큰술
허니머스터드소스·
맛술 1작은술씩

1 | 재료 준비하기
- 양파는 다지고, 양배추는 가늘게 채 썬다.
- 오이는 어슷 썬 다음 가늘게 채 썰어 키친타월로 눌러 물기를 제거한다.
- 크래미는 손으로 뜯어서 준비한다.

2 | 샌드위치 속 만들기
양파, 양배추, 오이, 크래미에 마요네즈, 허니머스터드소스와 맛술을 넣어 잘 섞어준다.

3 | 샌드위치 만들기
반으로 자른 치아바타 위에 로메인을 올리고 샌드위치 속을 올린 다음 나머지 빵으로 덮는다.

Salmon Sandwich
연어샌드위치

엄마의 힘일까요? 그냥 먹을 때는 모르다가 해보면 의외로 만들기 쉬운 요리들도 참 많아요. 그중에 하나가 바로 훈제연어, 어린잎채소, 채 썬 양파, 크림치즈로 만든 연어샌드위치예요. 어느 날 딸들과 함께 딸기뷔페에 갔는데 딸기는 안 먹고 연어샌드위치만 열심히 먹더라고요. 그래서 속 내용물을 유심히 보고 집에서 만들어줬는데 똑같다면서 좋아했답니다. 이왕이면 폼나게 만들어주세요!

재료(2개)

샌드위치용 식빵 4장
생연어 또는 훈제연어 적당량
어린잎채소 2줌
양파 1/2개
크림치즈 적당량

1 | 재료 준비하기
어린잎채소는 깨끗이 씻어 물기를 제거하고, 양파는 가늘게 채 썰어 찬물에 담갔다가 물기를 제거한다. 연어는 적당한 길이로 썬다.

2 | 샌드위치 만들기
식빵 안쪽에 크림치즈를 바른 다음 어린잎채소, 양파, 연어, 어린잎채소를 얹고, 크림치즈를 바른 식빵을 얹는다.
Tip_ 연어에 레몬즙을 살짝 뿌리면 좋아요.

마음을 담은
따끈한 저녁밥

평일에는 아이들이 학원이나 자율 학습 등으로 늦게 오는 날이 많아 온 가족이 둘러앉아 두런두런 이야기하며 먹는 저녁 시간을 갖기 어려워졌어요. 그래서 함께 먹는 저녁은 되도록 여유롭고 편안하게 해주고 싶은 엄마의 마음을 담아 차린답니다. 잠시의 여유와 엄마의 정성스런 음식들로 아이들이 힐링하는 시간이 될 것을 기대합니다.

힘내라고!
고기요리

예전에는 외식 메뉴 중 하나였는데, 지금은 효자 메뉴가 된 불고기. 불고기는 넉넉하게 만들어두면 다양한 요리로 변신이 가능해서 식구들에게 매일매일 다른 요리를 편하게 만들어줄 수 있어요. 국물이 있는 뚝배기불고기, 소스를 찍어 먹는 맛있는 불고기김밥, 샌드위치와 브리또, 샐러드까지……. 조금 남은 불고기로는 매콤한 장칼국수도 끓일 수 있으니까 넉넉하게 재워 한동안 삼시세끼 스트레스에서 해방되는 것도 좋겠지요.

Bulgogi Seasoning
불고기 양념하기

재료
쇠고기 불고기감 600g

밑간
배즙 4큰술
청주 2큰술

양념
간장 4큰술
설탕 · 다진 파 ·
다진 마늘 2큰술씩

1 | 고기 밑간하기
불고기감은 키친타월로 눌러 핏물을 제거하고, 배즙과 청주로 밑간해서 30분 정도 둔다.

2 | 양념하기
분량의 간장, 설탕, 다진 파, 다진 마늘을 넣어 양념해서 30분간 재워둔다.
Tip_고기 사이사이에 양념이 배도록 고기를 떼어가며 충분히 주물러 주세요.
Tip_시간이 없다면 밑간과 양념을 같이 해도 좋아요. 하지만 밑간을 먼저 해주면 고기도 더 부드럽고 양념도 잘 밴답니다.

3 | 소분해서 보관하기
Tip_넉넉하게 만들어서 소분해 냉동실에 넣어둘 경우에는 채소는 넣지 마세요. 채소는 먹기 전에 보충하세요.

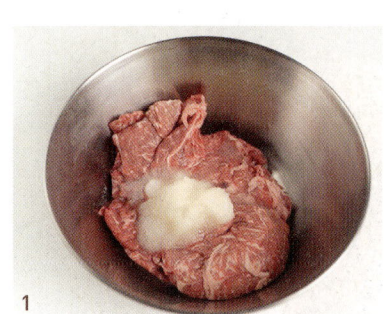
1

2

3

Ttukbaegi Bulgogi
뚝배기불고기

국물 자작한 뚝배기불고기는 고기도 먹고 국물도 먹을 수 있어서 국물요리가 필요 없는 메뉴예요. 냉장고 속 채소들에 당면까지 넣어주면 푸짐하게 먹을 수 있지요. 1인분씩 끓여내기도 좋아서 따로 밥을 차려야 할 때 좋아요. 국물 있는 고기요리라 아침 메뉴로도 좋답니다. 딸들은 뚝배기불고기를 만들면 고기보다 당면을 먼저 먹더라고요. 떡국 떡이나 떡볶이 떡을 넣어줘도 좋고요. 쌈도 싸 먹고, 호호 불어가며 국물도 떠먹고… 보글보글 끓여가며 전골처럼 먹어도 맛있는 뚝배기불고기는 우리 집 인기 메뉴지요. 뚝배기나 주물냄비를 이용하면 식사하는 동안 따끈하게 먹을 수 있어요.

재료(2~3인분)

양념한 불고기 300g (p.133 참조)
다시마 육수 150ml
국간장 1/2큰술
양파 1/4개
표고버섯 2개
팽이버섯 1줌
당근 약간
대파 1/2대
당면 40g

1 | 재료 준비하기
당면은 물에 15분 불려 준비하고, 양파, 표고버섯, 당근은 채 썰고, 대파는 비슷한 길이로 길쭉하게 썬다.

2 | 불고기에 채소 버무리기
양념된 불고기에 양파, 표고버섯, 당근, 대파를 넣어 조물조물 버무린다.

3 | 담기
뚝배기나 주물냄비에 불린 당면을 먼저 깔고, 채소와 버무린 불고기를 담는다. 팽이버섯을 올리고, 다시마 육수와 국간장을 넣어준다.
Tip_ 다시마 육수 대신 멸치 육수를 이용해도 좋아요.

4 | 끓이기
중간중간 불고기가 덩어리지지 않게 떼어가며 끓인다.
Tip_ 센 불로 끓이다가 보글보글 끓으면 중불로 낮추세요.

Bulgogi Gimbap
불고기김밥

불고기김밥은 양념한 불고기만 있으면 보통 김밥보다 만들기도 쉽고 맛은 진정 프리미엄 급이에요. 불고기에 싱싱한 채소들을 듬뿍 넣어 만들어 많이 먹어도 질리지 않는답니다. 아삭아삭 오이와 로메인, 산뜻함을 더하는 풋고추에 향긋한 부추까지… 여기에 매콤하면서 부드러운 소스를 찍어 먹으면 얼마나 맛있는지 몰라요. 생생한 채소들을 듬뿍 넣은 김밥이라 식어도 맛있답니다.

재료(6줄)

밥 4공기 + 소금 · 참기름 약간씩
김밥용 김 6장
양념한 불고기 250g(p.133 참조)
로메인 상추 12장
풋고추 6개
부추 1줌
단무지 6줄

달걀말이

달걀 4개
우유 2.5큰술
소금 · 설탕 1/3작은술씩

소스

마요네즈 2큰술
핫칠리소스 1큰술
다진 마늘 1/2큰술
올리고당 1작은술
레몬즙 약간

1 | 재료 준비하기

- 불고기 볶기 : 팬에 물기가 생기지 않도록 센 불에서 볶는다.
- 달걀말이 : 달걀에 분량의 우유와 소금, 설탕을 넣고 잘 저어 달걀말이를 만들어 식혀 단무지 모양으로 길쭉하게 6등분한다.
- 채소 손질 : 오이는 안쪽 씨를 제거하고 길게 8등분하고, 풋고추도 안쪽 씨를 제거하고 길게 4등분한다. 부추와 로메인 상추는 깨끗이 씻어 물기를 제거한다.
- 단무지 : 물기를 제거한다.

2 | 소스 만들기

분량의 소스 재료를 잘 섞어준다.

3 | 김밥 말기

김 위에 밥을 최대한 얇게 펴주고, 로메인을 깐 다음 그 위에 불고기와 오이, 달걀, 단무지, 부추, 풋고추를 올려 꾹꾹 눌러가며 김밥을 말아준다.

4 | 담기

먹기 좋게 썬 김밥은 소스와 함께 곁들여 낸다.

Tip_ 김밥 예쁘게 말기와 썰기
밥은 최대한 얇게 펴주고, 말 때는 꾹꾹 눌러가며 김발을 당기며 말아요. 썰 때는 칼에 참기름을 바르면 매끈하게 썰어진답니다.

Bulgogi Salad
불고기샐러드

들깨는 자연에서 구할 수 있는 영양제라고 부를 정도로 영양이 풍부한데요. 비타민과 식이섬유, 식물성 오메가3도 풍부하고 항산화 효과까지 있다니 아이들에게 자주 먹이도록 해야겠지요. 전 냉동실에 들깨가루를 보관하고 자주 이용한답니다. 들깨가루의 구수한 맛은 요리의 풍미를 살려주지요. 달콤한 불고기에 고소한 들깨소스를 곁들인 샐러드는 손님상에 올려도 손색없는 푸짐하면서도 고급스러운 샐러드예요.

재료(1인분)

양념한 불고기 100g(p.133 참조)
양상추 · 어린잎채소 ·
방울토마토 적당량

들깨소스

들깨가루 1.5큰술
물 1큰술
들기름 1작은술
소금 약간
(레몬즙 약간)

1 | 불고기 볶기
불고기는 센 불에서 물기가 생기지 않게 볶아준다.

2 | 채소 손질
채소는 깨끗이 씻어 물기를 제거하고 먹기 좋게 뜯거나 썬다.

3 | 들깨소스 만들기
분량의 양념들을 섞어 들깨소스를 만든다.

4 | 담기
그릇에 채소들을 담고, 위에 볶은 불고기를 올려 들깨소스와 곁들인다.

Bulgogi Burrito
불고기브리또

양념해둔 불고기만 있으면 아이들이 정말 좋아하는 브리또도 간단히 만들 수 있어요. 밥에 두반장을 넣어주면 살짝 매콤한 게 불고기와 잘 어울리고요. 브리또 사이에 슬쩍 안 먹는 채소도 넣고, 그 위에 좋아하는 치즈도 넣어 따뜻하게 구워주면 순식간에 먹고 또 먹고… 들고 먹기도 편하고 식어도 맛있어서 도시락 메뉴로도 좋답니다. 먹고 남은 불고기를 이용해도 좋아요.

재료(4개)

양념한 불고기 150g (p.133 참조)
양파 1/4개
팽이버섯 1줌
밥 1.5공기 + 두반장 1/2큰술
모차렐라치즈 적당량
슬라이스치즈 2장
토르티야 4장(8인치)

1 | 불고기 볶기
불고기에 채 썬 양파와 2등분한 팽이버섯을 넣어 조물조물해서 센 불에 볶아 가위로 작게 자른다.
Tip_ 아이들이 평소 잘 먹지 않는 다양한 버섯들과 채소들을 이용하세요. 토르티야 속의 불고기와 함께 잘 먹는답니다.

2 | 밥 + 두반장
밥에 두반장을 넣어 잘 섞어 한 김 식힌다.
Tip_ 밥이 뜨거우면 토르티야가 찢어질 수 있어요.

3 | 브리또 만들기
토르티야에 두반장 넣은 밥을 올리고, 볶은 불고기와 치즈들을 올려 브리또를 만든다.

4 | 굽기
달군 팬에 기름을 살짝 두르고 벌어진 부분을 아래로 놓고 먼저 구운 다음 앞뒤로 노릇하게 굽는다.

Bulgogi Sandwich
불고기샌드위치

푸짐하게 만들어주고 싶은데 시간은 없을 때 불고기샌드위치를 추천하고 싶어요. 저녁 메뉴가 샌드위치라고 하니까 아이들이 의아해 하더군요. 그런데 불고기로 만들어 그런지 파는 샌드위치보다 더 맛있다며 좋아하더라고요. 시큰둥하던 남편 역시 먹고 나서는 왜 파는 샌드위치는 이런 맛이 안나냐며 만족스러워 했어요. 묵직한 불고기를 넣어야 하기 때문에 식빵보다 힘이 있는 포카치아나 치아바타를 이용하면 좋아요.

재료(2개)

양념한 불고기 150g(p.133 참조)
포카치아나 치아바타,
호밀빵 등 힘있는 식사빵
양파 1/4개
빨강·노랑 파프리카 1/4개씩
어린잎채소 1줌 가득
모차렐라치즈 적당량
홀그레인 머스터드소스·
소금·후춧가루 약간씩

1 | 재료 준비하기

양념한 불고기를 준비하고, 양파와 파프리카는 채 썬다. 어린잎채소는 깨끗이 씻어 물기를 제거한다.

2 | 양파, 파프리카 볶기

달군 팬에 기름을 두르고 양파와 파프리카를 볶아 소금, 후춧가루로 간하고 따로 덜어둔다.

3 | 샌드위치 속 만들기

달군 팬에 양념한 불고기를 육즙이 생기지 않게 볶아준 다음 불고기를 빵 모양으로 모아 그 위에 모차렐라치즈를 올리고 뚜껑을 덮어 치즈를 녹인다.

4 | 샌드위치 만들기

반으로 자른 포카치아 안쪽에 허니머스터드소스를 바르고 모차렐라치즈를 얹은 불고기, 볶은 양파와 파프리카, 어린잎채소를 올려 나머지 빵으로 덮는다.

Jang kalguksu
장칼국수

찬바람이 불거나 아이들이 입맛 없어 할 때 잘해주는 메뉴예요. 고추장과 된장으로 깊은 국물 맛을 내고, 냉장고 속 채소들과 불고기를 넣은 영양 가득한 장칼국수는 불고기가 조금 남았을 때 만들어 먹기 좋은 완소 메뉴랍니다. 불고기가 국물 맛을 업그레이드 해주고, 고추장과 된장으로 깊은 국물 맛을 낸 장칼국수로 아이들 마음도 따뜻하게 해주세요.

Point_ 장칼국수를 끓여 먹을 때는 꼭 국물에 밥까지 말아 드세요. 마지막 국물 한 방울까지 버릴 게 없는 맛있는 칼국수랍니다.

재료(2인분)

칼국수 면 300g(p.133 참조)
멸치 육수 7컵
양념한 불고기 120g
양파 · 당근 · 호박 1줌씩
대파 1/2대
달걀 1개
김 가루 1/2장 분량

고추장 2큰술
된장 · 다진 마늘 1/2큰술씩

1 | 재료 준비하기
양파, 당근, 호박은 채 썰고, 대파는 송송 썬다. 김은 구워 비닐에 넣어 비벼 김 가루를 만들고, 달걀은 풀어주고, 양념한 불고기는 가위로 잘게 자른다.

2 | 볶은 불고기 + 멸치 육수
달군 냄비에 기름을 살짝 두르고 불고기를 볶다가 멸치 육수를 부어 끓인다.

3 | 2 + 칼국수 면, 채소들
멸치 육수가 끓으면 칼국수 면을 넣고, 양파, 당근, 호박을 넣어 끓인다.

4 | 3 + 양념
분량의 다진 마늘, 고추장, 된장을 넣어 간한다.

5 | 대파 넣고 달걀 풀기
면이 다 익으면 대파를 넣고, 달걀 푼 것을 넣고 10초 후 휘저어준다. 그릇에 담고 김 가루를 얹는다.

Essay

엄마의 마음

지금은 없어서 못 먹을 정도로 가리는 게 없는데, 예전에는 정말 까다로운 몹쓸 입맛을 가지고 있었어요. 채소들은 다 맛없어서 싫고, 생선은 비리고 뼈가 있어서 싫고, 과일은 몇 종류 빼고 너무 달아서 싫고. 입 짧은 제가 좋아하는 딱 한 가지가 바로 고기!

워낙 안 먹는 게 많다보니 한창 키 클 때 고기라도 먹고 크라고 친정 엄마가 끼니마다 꽃등심을 한 덩어리씩 꺼내서 구워주셨어요. 제 전용 구이팬도 있었다죠…….

결혼하고 처음 백화점 슈퍼마켓에서 꽃등심을 사려는데 가격표에 4~5천원이라고 쓰여 있었어요. 덥석 집어서 장바구니에 넣고 장보기를 마친 뒤 계산서를 보고 정말 놀랐어요. 그때서야 처음으로 고기를 100g 단위로 판다는 걸 알았으니 무식도 그런 무식이 없었지요.

직접 장을 보고 요리를 하니 엄마에게 자꾸 죄송한 생각이 드네요. 저야 먹었지만 엄마도 드셨을까 하는 생각 때문이에요.

이제 제가 저를 닮아 그런가 고기를 좋아하는 두 딸 아이를 키우며 가끔 외식할 때 고깃집을 가게 되면 엄마 생각이 절로 납니다. 그리고 잘 먹는 딸 아이들을 보며, 혹여 모자랄까 고기 좋아하는 제가 조금씩 먹게 되더라고요. 그게 엄마의 마음인가 봅니다.

한 그릇 속에 모두 모여!
딸들이 좋아하는 찜닭

닭고기는 누구나 사랑하고 가격도 상대적으로 착해서 자주 구입하게 되는 식재료지요. 그중에서 닭다리살 정육은 제일 맛있는 닭다리살의 뼈를 발라 요리하기 쉽게 손질되어 있는 부위에요. 다른 부위에 비해 금방 익고, 식감도 좋아서 다양한 요리에 사용하기 좋답니다. 특히 찜닭처럼 다른 부재료들을 많이 넣는 요리의 경우 닭다리살만 이용하면 부피가 줄어서 요리가 훨씬 쉬워지고, 뼈가 없어 먹기도 편하지요. 아이들이 좋아하는 카레와 짜장을 이용해서 만들어도 맛있답니다.

Andong&Braised Spicy Chicken
안동찜닭

한때 엄청난 인기로 줄서서 먹곤 했던 안동찜닭 전문점이 많았었는데 요즘엔 잘 안 보이는 것 같아요. 우리집 아이들이 닭요리를 좋아해서 안동찜닭 전문점보다 덜 달게, 살짝 칼칼하게 만들어 즐겨 먹곤 합니다. 몇 년 동안 조금씩 양념을 조절하면서 이제는 거의 황금레시피가 된 듯해요. 왜 이렇게 장담하느냐고요? 입맛 까칠한 작은딸이 안동찜닭의 정점을 찍었다고 극찬해준 레시피거든요.

재료(3~4인분)	조림장
닭다리살 500g	다시마 5cmX10cm 1장
감자·고구마 2개씩	물 1.5컵
표고버섯 3개	간장·맛술 1/2컵씩
마른 홍고추 4개	설탕 0.7~1큰술
떡볶이 떡 10개	통후추 1/2작은술
당면 100g	다진 마늘 1/2큰술
조림장+뜨거운 물 1/2컵	다진 생강 1/2작은술

1 | 조림장 만들기
다시마와 분량의 조림장 양념, 물을 넣고 끓여 조림장을 만든다.
Tip_ 조림장이 끓으면 불을 줄여 10분 정도 보글보글 끓여주세요.

2 | 재료 손질
닭다리살, 감자와 고구마는 큼직하게, 표고버섯은 4등분으로 썬다. 마른 홍고추는 가위로 잘라준다.

3 | 재료 볶기
달군 팬에 식용유를 두르고 닭다리살과 마른 홍고추를 볶은 다음 냄비를 기울여 기름기를 키친타월로 닦아 낸다.

4 | 3 + 감자, 고구마, 표고버섯 + 조림장
3에 감자와 고구마, 표고버섯을 넣어 볶다가 끓인 조림장을 체에 걸러 부어준다.

5 | 4 + 뜨거운 물
4에 뜨거운 물을 넣어 한소끔 끓으면 보글보글 끓는 상태로 불을 줄여 15~20분 뚜껑을 덮어 끓인다.
Tip_ 뜨거운 물을 부어주면 조리 시간을 줄이고 육즙이 빠지지 않아요.

6 | 5 + 떡볶이 떡 + 데친 당면
감자와 고구마가 익으면 떡볶이 떡과 데친 당면을 넣어준다.
Tip_ 남은 양념의 양에 따라 불을 조절해서 끓여주세요. 당면을 넣으면 국물이 금방 줄어드니 국물은 넉넉하게 남겨주세요.

Curry & Braised Spicy Chicken
카레찜닭

뇌를 활성화시키는 강황 성분이 많은 카레는 아이들에게 자주 해주면 좋지요. 우리 엄마들도 잘 챙겨 먹어야 한답니다. 보통 카레하면 카레라이스를 많이 하실텐데요, 카레찜닭은 카레를 색다르고 맛있게 먹을 수 있는 요리랍니다. 카레를 활용하여 훌륭한 일품요리로 준비해보세요.

재료(3~4인분)

카레가루 또는
고형카레 4인분
닭다리살 350g
감자 2개
양파 1개
표고버섯 2개
우동면 1개

뜨거운 물 적당량
다진 마늘 1/2큰술
후춧가루 약간

1 | 재료 준비하기
양파는 채 썰고, 닭다리살과 감자, 표고버섯은 큼직하게 썬다.

2 | 재료 볶아 끓이기
달군 팬에 기름을 두르고 양파를 노릇노릇해질 때까지 충분히 볶은 다음 닭다리살에 후춧가루를 조금 뿌려 같이 볶는다. 감자와 표고버섯도 넣어 볶다가 뜨거운 물을 부어 끓인다.
Tip_ 뜨거운 물을 넣어주면 요리 시간을 줄일 수 있고, 닭다리살의 육즙도 빠지지 않아요.
Tip_ 보통 카레 끓일 때보다 물은 50~100㎖ 정도 더 넣어주세요.

3 | 2 + 카레, 다진 마늘
감자가 익으면 카레와 다진 마늘을 넣어 끓인다.

4 | 우동면 데쳐 카레에 넣기
데친 우동면을 찬물에 헹궈 카레에 넣어 한소끔 끓여주면 완성.

Black Soybean Sauce&Braised Spicy Chicken
짜장찜닭

짜장면을 먹을 때 항상 짜장을 먹을까, 짬뽕을 먹을까 고민하잖아요. 그래서 짬짜면이 나오기도 했겠죠. 찜닭 시리즈가 계속되고 있는데요, 짜장찜닭을 빼놓을 수 없지요. 짜장면도 먹고 찜닭도 먹을 수 있는 일석이조 요리랍니다. 아이들도 짜장면을 좋아하니까 맛있게 잘 먹지요.

재료(3~4인분)

닭다리살 350g
감자 2개
양파 1개
다진 마늘 1큰술
짜장가루 5큰술
칼국수 면 200g
오이 1/2개
뜨거운 물 3컵

1 | 재료 준비하기
감자와 닭다리살은 큼직하게, 양파와 오이는 채 썬다.

2 | 재료 볶기
달군 팬에 기름을 두르고 양파를 5분 이상 볶다가 다진 마늘을 넣고 볶는다.
감자와 닭다리살은 굽듯이 볶는다.
Tip_양파는 충분히 볶아야 단맛이 우러나와요.

3 | 2 + 뜨거운 물
2에 뜨거운 물을 부어 감자가 익을 때까지 끓이다가 불을 줄이고 짜장가루를 조금씩 넣어가며 저어준다.

4 | 칼국수 면 삶아 넣기
칼국수 면은 1분 정도 덜 삶아 건져 찬물에 헹군 다음 짜장에 넣어 섞어 1분 정도 끓여 완성.

5 | 담기
큰 접시에 짜장찜닭을 담고 채 썬 오이를 올린다.

Doenjang Pork Bulgogi
된장돼지불고기

파닭 같은 비주얼의 담백한 돼지불고기예요. 고추장과 된장으로 간해서 잡 냄새도 없고 깔끔한 맛이죠. 볶아낸 된장돼지불고기에 아삭한 홍고추와 개운한 파채를 곁들이면 잘 어울린답니다. 처음 해먹을 때는 파 1대만 채 썰어 올렸었는데 중간에 부족해서 더 썰었다니까요! 파를 싫어하는 작은딸도 파의 맛에 흠뻑 빠졌던 메뉴랍니다. 고추장을 줄이고 된장을 넣어 양념한 돼지불고기는 자극적이지 않아서 더 좋아요. 파의 양은 취향대로 조절하세요.

재료(3~4인분)
돼지고기 불고기감 600g
홍고추 1개
대파 2대

돼지고기 양념
된장 1큰술
고추장 1.5큰술
매실청 1.5큰술
다진 마늘 · 맛술 1큰술씩
굴소스 1/2큰술
간장 · 다진 생강 1작은술씩

1 | 돼지고기 양념하기
분량의 돼지고기 양념을 넣어 돼지고기를 조물조물해서 20분 정도 재운다.
Tip_담백하게 먹으려면 돼지다리살, 부드럽게 먹으려면 목살을 이용하세요.

2 | 재료 준비하기
대파는 가늘게 채 썰어 찬물에 담가 진액과 아린 맛을 빼고, 홍고추는 송송 썬다.

3 | 돼지고기 볶기
팬에 기름을 살짝 두르고 돼지고기를 볶는다.

4 | 담기
그릇에 볶은 돼지고기를 담고, 위에 물기를 제거한 파채와 홍고추를 올려준다.

Gimbap with Pork
제육김밥

김밥은 채소를 잘 먹지 않는 아이들에게 채소를 먹일 수 있고, 맛도 좋고 먹기도 간단해 아이들이 좋아하지요. 된장돼지불고기를 넉넉하게 양념해서 한 번은 볶아서 쌈 싸 먹고, 한 번은 김밥으로 만들어보세요. 맛있는 제육볶음 하나로 두 끼를 해결할 수 있답니다.

Point_ 맵지 않게 양념한 돼지불고기에 오이와 깻잎을 넣기.

재료(6줄)

밥 4공기+들기름 약간
김밥용 김 6장
오이 1개
깻잎 18장
김밥 단무지 6줄
양념한 된장돼지불고기 400g
(p.154 참조)

달걀말이

달걀 4개
우유 2.5큰술
소금·설탕 1/3작은술씩

1 | 재료 준비하기

- 밥 : 들기름을 섞어 식혀둔다.
- 돼지불고기 : 물기가 생기지 않게 볶아 식힌다.
- 달걀 : 재료를 잘 섞어 달걀지단을 만든 다음 단무지와 비슷한 크기로 6등분한다.
- 오이 : 어슷하게 썰어서 얇게 채 썬다.
- 깻잎 : 씻어 물기를 제거하고, 6장은 반으로 자른다.
- 단무지 : 물기를 제거한다.

2 | 김밥 말기

김 위에 밥을 최대한 얇게 펴고 그 위에 깻잎을 올린 다음 돼지불고기를 올린다. 그 위에 반으로 자른 깻잎을 올리고, 달걀, 오이, 단무지를 올려 김밥을 만다.

Beef Brisket Roasted & Soy Sauce
차돌박이구이와 간장소스

고기를 좋아하는 우리집 아이들 때문에 특별한 날에 찾는 차돌박이 전문 고깃집이 있어요. 한우 차돌박이의 질도 좋고 맛있지만 무엇보다도 차돌박이를 찍어먹는 간장소스 때문에 자꾸 그 집을 찾게 되더라고요. 영수증의 가격이 자꾸만 올라가서 집에서 간장소스를 한번 만들어봤는데, 진짜 맛있게 됐어요. 그 레시피를 공개합니다.

Point_ 살짝 기름진 차돌박이를 파 듬뿍, 고추 듬뿍 든 간장소스에 푹 찍어 드세요. 차돌박이 외에 돼지고기에도 잘 어울린답니다.

재료
차돌박이 적당량
후춧가루 약간

간장소스(3~4인분)
물 5큰술
간장 4큰술
식초 2큰술
설탕 1큰술
청양고추 · 홍고추 ·
풋고추 1개씩
대파 1~2대

1 | 재료 썰기
청양고추는 다지고, 홍고추, 풋고추, 대파는 송송 썬다.
Tip_ 풋고추와 홍고추는 넉넉하게 준비해서 추가해도 좋아요.

2 | 간장소스 만들기
분량의 양념을 섞어 간장소스를 만든다.

3 | 차돌박이 굽기
차돌박이에 후춧가루를 뿌려 앞뒤로 갈색이 나게 구워 키친타월에 올려 기름기를 뺀다.

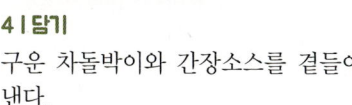

4 | 담기
구운 차돌박이와 간장소스를 곁들여 낸다.

Hot Braised Short Pork Ribs
매운돼지갈비찜

아이들이 지쳐 보일 때 잘해 먹이고 싶은 마음이 들잖아요. 왠지 영양이 부족한가 싶기도 하고…그럴 때, 힘내라고 저는 매운돼지갈비찜 요리를 만들어줍니다. 살이 통통한 돼지갈비를 매콤하게 양념하면 밥도둑이랍니다. 짜지 않게 양념해서 감자, 가래떡, 버섯을 넣으면 먹을 거리가 다양하게 있어요. 냉장고에 있는 채소들도 듬뿍 넣어주세요.

Point_매운 돼지갈비찜은 다시 데워 먹어도 맛있어요. 만들 때 넉넉하게 만들어주세요.

재료(6인분)

돼지갈비 1.5kg
감자 2개
새송이버섯 1개
대파 1대
가래떡 1컵
마른 홍고추 2개
고춧가루 1/2큰술씩
돼지갈비 삶은 육수 2컵

돼지갈비 삶을 때

대파 1대
월계수잎 3장
청주 2큰술
마늘 6쪽
통후추 1/2작은술
물 5컵

매운돼지갈비찜 양념

배 · 양파간 것 1/2개씩 분량
간장 7큰술
고추장 · 고춧가루 · 다진 마늘 2큰술씩
설탕 · 맛술 · 굴소스 · 물엿 1큰술씩
다진 생강 1작은술

1 | 돼지갈비 삶기와 육수 준비하기
찬물에 30분 정도 담가 핏물을 뺀 돼지갈비에 물을 자작하게 넣고, 대파, 월계수잎, 청주, 마늘 통후추를 넣어 30분간 삶는다. 삶은 고기는 건져내고 육수는 걸러서 준비한다.

2 | 갈비찜 양념장 만들기
분량의 양념을 섞어 갈비찜 양념을 만든다.

3 | 재료 준비하기
감자는 0.5cm 두께로, 새송이버섯과 대파는 길게, 가래떡은 한 입 크기로, 마른 홍고추는 어슷하게 썬다.

4 | 돼지갈비 볶기
달군 냄비에 기름을 넉넉하게 두르고, 마른 홍고추와 고춧가루를 볶아 매운 향을 낸 다음 삶아서 건진 돼지갈비를 넣어 볶는다.

5 | 4 + 감자, 양념장, 돼지갈비 삶은 육수
4에 양념장과 돼지갈비 삶은 육수, 감자를 넣어 뚜껑을 덮어 끓인다.
Tip_ 중간중간 양념이 고루 배도록 뒤적여주세요.

6 | 5 + 가래떡, 새송이버섯, 대파
감자가 익으면 가래떡, 새송이버섯, 대파를 넣어 뒤적여 한소끔 끓여주면 완성.

Essay

에너지
총량의 법칙

에너지 총량의 법칙, 들어본 적 있으시죠? 요새 주변에 널린 듯 들려오는 엄친아, 엄친딸과 그들의 슈퍼우먼 엄마들의 활약상. 덕분에 상대적으로 작아지는 나 자신 때문에 왠지 모르게 화도 나고 샘도 나고. 아이들을 키우고 보니 엄친아, 엄친딸은 슈퍼 패밀리에서나 나온다는 걸 깨닫게 됐죠. 이제는 제 에너지를 질투와 죄책감과 화내는 데 쓰지 않으려고 해요. 지역구에 하나 있을까 말까 한 엄친아, 엄친딸을 부러워하지 않고, 전국구에 하나 있을가 말까 한 슈퍼맨 남편 가진 슈퍼우먼 엄마를 질투하지 않으며, 괜한 애 잡지 않겠습니다. 엄마의 에너지도 양이 정해져 있다고 하니, 주어진 에너지로 하루라도 즐겁게 살아보려 해요.

속도 든든, 영양도 가득한
국수요리

방학이 끝날 때쯤 되면 친구가 하는 말… "온갖 면요리는 다해 먹었어." 육수부터 신경써서
만드는 국수는 이것저것 반찬을 준비해야 하는 밥보다 간편하게 한 끼를 준비할 수 있어서
좋아요. 삼시세끼를 준비해야 하는 방학이면 한 끼를 책임져주는 고마운 메뉴이기도 하지요.
더운 여름 입맛을 잃었을 때는 매콤하고 시원한 비빔국수로, 따뜻한 국물이 그리운 계절에는
멸치 육수 진하게 우려낸 칼국수나 잔치국수로,
분위기 내고 싶은 날에는 파스타로 행복하게 한 끼 해결해주세요.
엄마에게는 커피 한 잔의 여유가 생기겠죠.

Perilla Seed Kalguksu
들깨칼국수

전주의 유명한 칼국수 집이 서울에도 분점이 생겨서 먹어봤는데 제 입에는 살짝 아쉽더라고요. 좀 더 담백하고 깔끔하게 끓이면 아이들도 맛있게 먹을 것 같아서 끓여 먹기 시작한 칼국수인데 아이들이 좋아해서 자주 해 먹어요. 깔끔하게 끓인 칼국수에 껍질을 벗기지 않은 통들깨와 고운 고춧가루, 김 가루를 토핑으로 올린 국수라 취향에 따라 토핑을 조절해서 먹으면 되니까 아이들 입맛이 다를 경우에도 모두 맛있게 먹을 수 있어요. 고춧가루의 칼칼함과 김의 구수함, 통들깨의 고소함이 훌륭한 국물 맛을 냅니다. 이 칼국수에는 꼭 밥을 말아 드셔야 해요. 국물이 정말 끝내주거든요!

재료(2인분)

칼국수 면 300g
멸치 육수 6컵
달걀 2개
대파 1대
다진 마늘 · 국간장 1큰술씩
소금 약간

토핑

통들깨 · 고춧가루 · 김 가루
적당량씩

1 | 재료 준비하기

- 달걀과 대파 : 달걀은 소금 조금 넣어 풀어주고, 대파는 송송 썬다.
- 통들깨 : 분쇄기에 곱게 간다.
- 고춧가루 : 고운 체에 쳐서 고운 고춧가루만 사용한다.

Tip_토핑으로 올리는 거라 입자가 크면 지저분해요.

- 김 : 김을 구워 비닐에 넣어 비벼 가루를 만든다.

2 | 칼국수 끓이기

멸치 육수가 끓으면 칼국수 면을 넣고, 다진 마늘과 국간장으로 간한다.
칼국수 면이 거의 다 익으면 대파를 넣고, 달걀은 고운 체에 내린다.

3 | 담기

그릇에 칼국수를 담고, 곱게 간 들깨, 고춧가루, 김, 세 가지를 위에 올린다.

Soy Sauce Noodles&Spicy Noodles
간장국수&비빔국수

간장국수는 가볍게 먹고 싶은 저녁이나 아이들이 공부하다 출출할 때 야식으로 먹기 좋지요. 참기름보다 들기름을 넣으면 더 순하고 부드러워 맛있답니다. 매콤새콤한 비빔국수는 시판 냉면 육수를 넣어 시원하게 먹을 수 있는 국수지요. 아이가 스트레스 받아 힘들어 할 때 살얼음 살짝 띄워 아이도 엄마도 쌓인 스트레스를 한방에 날려 보내세요.

간장국수 재료(2인분)

소면 200g
쪽파 5대
구운 김 1장

간장국수 양념장

간장 3큰술
설탕 · 들기름 1큰술씩
깨소금 1/2큰술

1 | 재료 준비하기
김은 구워 비닐에 담아 비벼 가루를 내고, 쪽파는 송송 썬다. 분량의 양념을 섞어서 양념장을 준비한다.

2 | 소면 삶기
끓는 물에 3분 정도 삶아낸 소면은 물에 충분히 헹궈준다.

3 | 국수 비비기
소면에 쪽파와 양념장을 넣어 비빈다.

4 | 담기
그릇에 국수를 담고, 김 가루를 올려준다.

비빔국수 재료(1인분)

소면 100g
오이 · 상추 적당량
양념장 2큰술
냉면 육수 1/2봉지
참기름 · 깨소금 약간씩
달걀 1개

비빔국수 양념장 (3~4인분)

고추장 6큰술
식초 3큰술
설탕 1.5큰술
다진 마늘 ·
맛술 1큰술씩
오이 3cm 정도
양파 1/8개

1 | 소면 삶기
끓는 물에 소면을 넣고 3분 정도 삶아 찬물에 충분히 헹궈준다.

2 | 재료 준비하기
오이와 상추는 채 썰고, 달걀을 삶아 반으로 자른다.

3 | 양념장 만들기
분량의 양념과 오이, 양파를 블렌더에 갈아 양념장을 만든다.

4 | 담기
그릇에 소면을 담고, 살짝 언 냉면 육수를 부은 다음 채 썬 오이와 상추, 삶은 달걀과 양념장을 얹어준다. 참기름과 깨소금도 조금 뿌린다.

Tip_ 냉면 육수는 1시간 30분 정도 냉동실에 넣어 살얼음을 얼려두면 좋아요.

Banquet Noodles
잔치국수

우리 엄마들도 어릴 적 엄마가 해주신 추억의 음식이 하나씩은 있잖아요. 저는 그 음식 중 하나가 잔치국수인데요. 어릴 때 먹었던 음식은 추억 이상의 힘을 가지는 것 같아요. 가볍게 한 끼 해결하고 싶을 때, 뜨끈한 국물이 그리울 때, 고기 먹고 밥 대신… 잔치국수는 언제 먹어도 맛있어요. 딸들도 고깃집에 가면 꼭 잔치국수로 마무리를 할 정도로 좋아하는데 특히 작은딸은 잔치국수 킬러예요.

Point_ 유부와 숙주를 넣어주면 맛도 영양도 업그레이드 되어 한 끼 식사로 충분하답니다.

재료(1인분)
멸치 육수 2.5컵
소면 100g
숙주 1줌 가득
냉동 유부 2장
호박·당근 약간씩
쪽파 2대
김 가루 약간
국간장 1/2큰술
소금 약간

숙주 밑간
소금·참기름 약간씩

1 | 재료 준비하기
냉동 유부는 1cm 두께로 썰고, 쪽파는 송송, 호박과 당근은 채 썬다. 김은 구워 비닐에 넣어 비벼 김 가루를 만든다.

+냉동 유부
조미가 되어 있지 않은 유부로, 마트의 냉동 코너에서 구입할 수 있어요.

2 | 숙주 데쳐 밑간하기
끓는 물에 숙주를 먼저 15초 정도 데쳐서 건져 물기를 짠 다음 소금과 참기름을 넣어 밑간한다.

3 | 소면 삶기
숙주를 데친 끓는 물에 소면을 넣고 3분 정도 삶아 찬물에 충분히 헹궈준다.

4 | 멸치 육수 + 유부, 호박, 당근 + 국간장, 소금
멸치 육수가 끓으면 당근, 호박, 유부를 넣고 국간장과 소금으로 간한다.

5 | 담기
그릇에 소면을 담고 그 위에 숙주무침을 올린 다음 4를 부어준다.

Hot Beef Brisket kalguksu
얼큰차돌박이칼국수

차돌박이는 구워 먹어도, 찌개를 끓여 먹어도 참 맛있는 부위예요. 하지만 기름기가 많아 자칫 느끼할 수도 있는데 고추장과 된장으로 얼큰하게 끓인 칼국수에 차돌박이를 넣어주면 특유의 풍미가 더해져 칼국수가 업그레이드 된답니다. 여기에 마지막에 올리는 깻잎은 차돌박이의 느끼함을 단번에 잡아주지요. 국물이 맛있기 때문에 칼국수를 조금 부족한 듯 끓여서 아이들이 꼭 밥까지 말아서 먹게 준비하세요.

재료(2인분)
칼국수 면 300g
차돌박이 150g
멸치 육수 5컵
양파 1/4개
호박 1/8개
표고버섯 1개
청양고추 1/2개
깻잎 10장

양념
고춧가루 1작은술
다진 마늘 1/2큰술
고추장 2큰술
된장 1큰술
국간장 약간

1 | 재료 준비하기
양파, 호박, 표고버섯은 채 썰고, 청양고추는 다진다. 차돌박이는 먹기 좋게 썰고, 깻잎은 돌돌 말아 가늘게 썬다.

2 | 멸치 육수 + 칼국수 면, 양파, 호박, 표고버섯, 청양고추
냄비에 육수를 넣고 칼국수 면, 양파, 호박, 표고버섯, 청양고추를 넣고 끓인다.

3 | 양념하기
2가 끓으면 분량의 고춧가루, 다진 마늘, 고추장과 된장을 넣어 끓인다.
Tip_ 고추장과 된장, 고춧가루는 취향에 따라 짜지 않게 적당히 조절하세요.

4 | 3 + 차돌박이
국수가 거의 다 익었을 때, 차돌박이를 넣어 살짝 익혀준다. 부족한 간은 국간장으로 보충한다.

5 | 담기
그릇에 칼국수를 담고 위에 채 썬 깻잎을 올려준다.

Shrimp Curry Pasta
새우카레파스타

재료(1인분)

스파게티 면 100g
바지락 100g + 물 1.5컵
새우 12마리
청양고추 1/2~1개
올리브유 1큰술
다진 마늘 1작은술
맛술 1큰술
카레가루 1.5~2큰술
스파게티시즈닝 약간

독특한 파스타 하나 소개해 드릴게요. 바로 카레파스타인데요. 바지락 육수와 카레로 맛을 내 시원한 맛으로 파스타를 좋아하지 않는 토종 입맛에도 잘 맞는답니다. 아이들도 맛있다며 잘 먹고요. 파스타를 좋아하지 않는 남편도 남은 소스에 밥을 비벼 싹싹 먹었답니다. 자주 해먹는 토마토스파게티나 까르보나라스파게티 외에 색다른 파스타 맛이 필요할 때 추천해드려요. 이 파스타의 핵심은 바지락 육수라서 껍질이 있는 바지락을 구입하면 좋은데요. 속살만 있는 바지락을 구입하셨다면, 소금을 엷게 푼 물에 속살을 가볍게 씻은 다음 물을 붓고 끓여 육수를 준비해도 좋아요.

+ 스파게티시즈닝

오레가노, 바질, 파슬리, 고추, 양파 등 스파게티에 잘 어울리는 허브 믹스 종류예요. 스파게티뿐만 아니라 다양한 요리에 풍미를 더해준답니다.

1 | 스파게티 면 삶기

넉넉한 물에 소금을 넣고 포장지에 제시된 시간보다 2분 정도 덜 삶는다.

2 | 바지락 육수 내기

바지락에 물을 붓고 5분 정도 끓여 거품을 걷어내고 육수를 끓인다.
Tip_ 바지락 껍질은 버리고 속살과 육수만 준비하세요.

3 | 재료 손질

새우는 씻어서 손질하고 청양고추는 다진다.

4 | 볶기

달군 팬에 올리브유를 두르고, 다진 마늘과 다진 청양고추를 볶다가 새우와 맛술을 넣어 볶는다.

5 | 4 + 바지락 육수 + 카레가루

4에 250ml 정도의 바지락 육수를 붓고 카레가루를 덩어리지지 않게 풀어 끓인다.

6 | 5 + 스파게티 면, 스파게티시즈닝

소스가 끓으면 삶은 스파게티 면과 스파게티시즈닝을 뿌려 버무려 주면 완성!

Spaghetti alla Carbonara
까르보나라스파게티

풍부한 크림소스가 매력적이지만 중간쯤 먹다보면 스물스물 김치가 먹고 싶어지는 게 어쩔 수 없죠. 이 크림소스의 느끼함을 단번에 잡아줄 재료가 바로 청양고추랍니다. 어떤 허브보다 강력한 청양고추의 힘을 빌려 맛있는 까르보나라스파게티를 만들어보세요. 생크림 때문에 청양고추를 넣어도 약간 칼칼한 정도이지 맵지 않답니다. 청양고추를 넣은 까르보나라스파게티를 먹기 시작하면 다른 크림파스타는 먹기 힘들어질 수 있으니 주의하세요.

재료(1인분)

스파게티 면 100g
베이컨 5장
마늘 5쪽
블랙 올리브 4개
청양고추 1개
양파 1/2개
생크림 1컵

소금·후춧가루·
스파게티시즈닝 약간씩

1 | 재료 준비하기
베이컨은 1cm 폭으로 썰고, 마늘은 편으로, 올리브는 송송, 청양고추와 양파는 다진다.

2 | 스파게티 면 삶기
넉넉한 물에 소금을 넣고 포장지에 제시된 시간보다 2분 덜 삶는다.

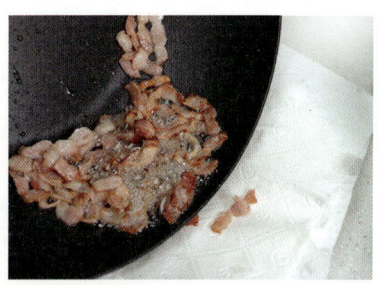

3 | 베이컨 굽기
기름을 살짝 두르고 베이컨을 충분히 구워 키친타월 위에 올린다.

4 | 마늘, 양파 볶기
베이컨 볶았던 팬에 마늘과 양파를 충분히 볶는다.

5 | 4 + 생크림 + 청양고추, 블랙 올리브, 베이컨
4에 생크림을 넣고 끓이다가 농도가 살짝 짙어지면 청양고추와 블랙 올리브, 베이컨을 넣어 소스를 만든다.

6 | 5 + 스파게티 면, 스파게티시즈닝
소스에 스파게티 면과 스파게티시즈닝을 넣어 버무려주면 완성!

Salad Noodles
샐러드국수

다행인지 우리집 아이들은 국수요리를 좋아해서 자주 해먹는 편인데요, 이번에 소개해드리는 샐러드국수는 국수지만 샐러드가 많이 들어가 채소를 듬뿍 먹을 수 있는 건강한 국수랍니다. 가볍게 한 끼 먹고 싶을 때 또는 샐러드만으로는 왠지 부족한 듯싶을 때, 국수를 넣어 함께 먹으면 식사로도 충분하지요. 좋아하는 채소들을 넣어 맛있는 소스로 비비면 아이들도 잘 먹는답니다. 아이들에게는 채소 듬뿍! 엄마에겐 산뜻한 한 끼! 아빠에겐 체중조절!

재료(2인분)

소면 150g + 참기름과 깨소금
1작은술씩
어린잎채소 · 새싹채소 ·
양상추 1줌씩
오이 1/2개
크래미 4~5개(90g)

간장소스

설탕 · 다진 마늘 1/2큰술씩
굴소스 · 참기름 · 맛술 ·
식초 · 간장 · 포도씨유
1큰술씩

1 | 채소와 크래미 준비
- 어린잎채소와 새싹채소 : 씻어서 물기를 제거한다.
- 양상추와 오이 : 양상추는 가늘게 채썰고 오이는 돌려깎아 채썬다.
- 크래미 : 손으로 먹기 좋게 뜯어서 준비한다.

2 | 소스 만들기
분량의 소스 재료를 섞는다.

3 | 소면 삶기
소면은 3분 정도 삶아 충분히 헹궈준 다음 참기름과 깨소금으로 가볍게 버무린다.

4 | 담기
큰 접시에 채소와 크래미를 돌려 담고, 가운데 소면을 담아 소스와 함께 곁들여 낸다.
Tip_소스에 버무려서 담아도 좋아요.

Essay

요리,
실력이 느는 분야

큰딸이 예술중학교 입시를 시작하면서 본격적으로 도시락을 싸기 시작했어요. 겨우 초등학생인 아이를 도시락까지 싸서 학원 보내는 엄마가 극성처럼 보일 수도 있겠지만, 한창 성장기의 딸에게 자극적인 식당 밥이나 영양이 부실한 인스턴트 식품을 가끔도 아니고 매일 먹이자니 너무 찜찜해서 어쩔 수 없었지요. 그렇게 시작된 도시락 싸기는 아이가 급식이 없는 예중에 진학하면서도 계속되었어요.

그나마 아이가 깨끗이 비운 도시락 통을 보며 위안을 얻고, 아이 친구들이 하는 "아줌마 도시락 너무 부러워요!"라는 말에 힘을 얻어, '그래, 이번 달까지만 싼다'를 반복하다가 결국 졸업 때까지 3년 동안 도시락을 싸주었어요. 그리곤 딸의 졸업과 동시에 학교 급식이 시작됐다는 소식……

밥도 제대로 못하던 제가 아이를 키우고, 도시락을 싸주고, 요리 블로그까지 운영하게 된 걸 보면 역시 요리도 매일매일 하다보면 실력이 느는 분야인 건 확실한 것 같아요!

피로를 풀어주는
따끈한 국물과 든든한 밑반찬

무얼 먹을까 걱정을 하고 있으면 남편이 말하지요.
"국이나 찌개 하나에 밑반찬 몇 개 돌려가며 먹으면 되지. 왜 스트레스 받어. 간단히 먹자!"
식사 준비 안 해본 사람만이 할 수 있는 말이죠. 한창 성장해야 하고 엄마가 만들어준 반찬을
좋아하는 아이들을 위해 따뜻한 밥과 국 그리고 정성스럽게 준비하는 밑반찬들.
엄마의 사랑을 담아 소박하게 차린 밥상이지만
우리 아이들의 피로가 풀리고 위로가 되기를 바랍니다.

Sausage Stew
부대찌개

이태원에는 부대찌개의 양대 산맥이라고 불리는 부대찌개 집 두 곳이 있어요. 하나는 일반적인 부대찌개 집이고, 다른 하나는 좀 더 부드러운 맛의 부대찌개인데요. 소개해드리는 부대찌개는 두 번째 스타일의 부드러운 부대찌개랍니다. 다시마 육수로 깔끔하게, 햄과 채소도 듬뿍 넣어 푸짐하게 끓여 우리집 딸들도 모두 좋아하는 메뉴죠. 부대찌개 하나면 이것저것 반찬이 필요 없잖아요. 이거 하나면 밥 한 공기가 뚝딱 이거든요. 집에 있는 채소들과 남은 햄들을 모아 푸짐하게 끓여보세요.

재료(2인분)	토핑	매운 양념
소시지 4개(250g 정도)	홍고추 1개	고추장 4큰술
스팸 100g	대파 1대	다진 마늘 · 고춧가루 · 멸치
감자 1개	슬라이스치즈 1장	액젓 · 맛술 · 국간장 2큰술씩
양배추 2줌		다진 생강 · 혼다시 1작은술씩
다시마 육수 2.5컵		(모두 섞어서 냉장고에서 3일
매운 양념 1~2큰술		정도 숙성시키면 더 맛있어요)

1 | 재료 준비하기
- 매운 양념 : 분량의 양념을 잘 섞어준다. → 미리 만들어 숙성시키면 더 좋아요!
- 다시마 육수 : 30분 이상 물에 담그거나 끓는 물에 10분 정도 끓여서 준비한다.
- 소시지, 스팸, 감자, 양배추 : 먹기 좋게 썬다.
- 홍고추와 대파 : 홍고추는 송송, 대파는 채 썬다.

2 | 다시마 육수 + 감자, 양배추
분량의 다시마 육수에 감자와 양배추를 먼저 끓인다.

3 | 2 + 소시지와 스팸 + 매운 양념
감자와 양배추가 어느 정도 익으면 소시지와 스팸, 양념장을 넣어 끓인다.

4 | 토핑 올리기
재료가 다 익으면 치즈를 올려 살짝 녹여주고, 불을 끄고 홍고추와 대파를 올린다.

7Minute Kimchi Stew

7분김치찌개

재료를 작게 썰고 충분히 볶아 뜨거운 물을 부어주면 7분이면 OK! 김치와 돼지고기를 작게 썰어 물을 적게 잡고 비벼먹을 수 있게 끓이는 김치찌개예요.

Point 1_ 재료를 작게 썰고 물을 적게 넣기 때문에 짜지 않게 끓이기.
Point 2_ 식초와 설탕을 이용해서 원하는 맛으로 조절해가며 끓이기.

재료(3~4인분)

김치 1/4포기(300g)
돼지고기 200g
양파 1/4개
대파 1/2대
김치 국물 3큰술
뜨거운 물 1.5컵
고춧가루 1큰술
식초 2큰술
맛술 1큰술
설탕 적당량

1 | 재료 준비하기
대파는 송송, 김치와 돼지고기는 작게 썰고, 양파는 다진다.
Tip_ 김치는 국물을 짜내고 썰어주세요.

2 | 김치, 양파, 돼지고기 볶기
달군 팬에 기름을 두르고 김치와 양파, 돼지고기를 볶는다. 어느 정도 볶아지면 맛을 보고 고춧가루, 식초, 맛술을 넣어 김치의 맛을 조절해준다.
Tip_ 김치가 짜다면 설탕을 넣어주고 새콤한 김치찌개로 만들려면 식초를, 더 맵게 끓이려면 고춧가루를 넣어주세요.

3 | 2 + 김치 국물, 뜨거운 물
김치가 충분히 볶아지면 김치 국물과 뜨거운 물을 부어 뚜껑을 덮고 7분 정도 끓인다.
Tip_ 김치 국물은 간이 적당하면 넣지마세요.
Tip_ 뜨거운 물을 넣어주면 요리 시간을 줄일 수 있어요.

4 | 3 + 대파
김치가 익으면 대파를 넣고, 간을 봐서 부족한 간은 식초와 설탕 등으로 보충한다.

Hot Fish Cake Soup
매운어묵탕

어느 날 딸의 친구들이 왔길래 해준 어묵탕. 그 이후로 어묵탕을 해달라며 방학마다 놀러 오는 딸의 친구들. 분식집을 해야 할까요? 평범한 사각 어묵 한 봉지에 비주얼 좋고 감칠 맛 내는 꽃게 한 마리로 손님초대까지 가능한 코스요리 하나 소개해드립니다. 사각 어묵에 가래떡 먼저 먹고, 그 국물에 칼국수까지 코스로 즐길 수 있어서 아이들도 너무 좋아하더 라고요. 여기까지 먹고도 먹을 배가 남았다면 마지막으로 죽도 끓여 드세요!

재료(3~4인분)
사각 어묵 500g
가래떡 5개
대파 1대
꽃게 1마리
멸치 육수 넉넉하게 7~8컵
(칼국수 면, 송송 썬 대파)

양념장
고추장 5큰술
고춧가루 1.5큰술
다진 마늘·간장 2큰술씩
설탕·물엿·맛술 1큰술씩

+어묵 꼬치에 꽂기

1 | 양념장 만들기
분량의 양념을 섞어 양념장을 만든다.

2 | 꽃게 손질
꽃게는 칫솔로 껍질을 문질러 씻고, 배 게딱지를 분리한 다음, 아가미를 가위로 잘라주고 이물질을 제거한다. 발끝, 날카로운 부분들도 가위로 잘라준다.

3 | 재료 준비하기
- 사각 어묵 : 길게 반으로 접어 주름 잡아 꼬치에 2개씩 끼운다.
- 가래떡 : 먹기 좋게 썰어 꼬치에 끼운다.
- 대파 : 길쭉하게 썬다.

4 | 멸치 육수 + 꽃게 + 양념장
멸치 육수에 꽃게를 넣고 끓이다가 꽃게가 익으면 양념장을 넣어준다.

5 | 4 + 어묵, 가래떡, 대파
국물이 끓으면 대파와 꼬치에 꽂아둔 어묵과 가래떡을 넣어 국물을 끼얹어가며 끓인다.
Tip_어묵과 가래떡을 처음부터 넣어주면 불어요. 게와 양념을 먼저 끓여주세요.

6 | 국물에 칼국수 끓이기
어묵과 가래떡을 먹고 나면 멸치 육수를 보충해서 칼국수와 송송 썬 대파를 넣고 칼국수를 끓인다.
Tip_죽을 끓여도 맛있어요.

Bean Sprouts Beef Radish Soup
콩나물쇠고기무국

어릴 적 친정 엄마께서는 제가 감기 기운이 있다고 하면 무와 콩나물을 듬뿍 넣고 쇠고기무국을 정성 들여 끓여주셨답니다. 제게는 이 국이 소울푸드인데요. 이제는 제가 아이들이 감기 기운이 있어 보일 때 "푹푹 먹고 땀내면 감기가 떨어진다"는 말을 건네면서 이 국을 끓여주고 있답니다. 우리 아이들이 엄마가 정성 들여 끓여준 국을 먹고 씩씩하게 성장하기를 기도해봅니다. 따끈한 쇠고기무국 한 그릇이면 감기뿐 아니라 하루의 피곤도 다 풀리는 마법 같은 국!

재료(2인분)

국거리용 쇠고기 150g
참기름 1/2큰술
물 6컵
무 150g
콩나물 한 줌 가득(120g)
작게 썬 김치 3큰술 분량
대파 1/2대

고춧가루 · 국간장 1큰술씩
다진 마늘 1/2큰술

1 | 쇠고기 육수 내기
달군 팬에 참기름을 두르고 국거리용 쇠고기를 볶아 물을 부어 20~30분 끓여 육수를 낸다.

2 | 재료 준비하기
콩나물을 씻어서 물기를 제거한다. 김치는 작게, 무는 납작하게, 대파는 송송 썬다.

3 | 1 + 무, 김치
육수가 완성되면 무와 김치를 넣고 무가 익을 때까지 끓인다.

4 | 3 + 콩나물, 간하기
무가 익으면 콩나물을 넣고, 고춧가루, 국간장, 다진 마늘을 넣어 간한다.

Beef Brisket Doenjang Stew
차돌박이된장찌개

차돌박이는 구워 먹어도 맛있지만 국물요리에 넣어도 참 맛있는 고기예요. 기름기가 살짝 많기는 하지만 그게 또 풍미를 더해주니까 냉동실에 넣어두고 자주 이용하게 되더라고요. 냉장고에 있는 다양한 채소들과 차돌박이를 넣어 끓이면 밥 한 그릇이 이렇게 적었나 싶은 생각이 들게 하는 밥도둑 찌개가 되지요. 양배추를 넣어 끓여 국물에 달달함을 더한 차돌된장찌개는 다른 반찬 없이 덮밥처럼 먹는 완소찌개랍니다.

재료(2인분)

차돌박이 150g
멸치 육수 400ml
양배추 1줌 가득
감자 1/2개
표고버섯 1개
양파 1/4개
청양고추 1개
두부 100g
다진 마늘 1/2큰술
된장 2~3큰술
대파 1/2대

1 | 재료 준비하기
감자와 두부는 납작하게, 양파와 표고버섯은 가늘게 썬다. 청양고추는 다지고 대파는 송송, 차돌박이와 양배추는 먹기 좋게 썬다.

2 | 멸치 육수 + 양배추, 감자 + 표고버섯, 양파, 청양고추, 두부
멸치 육수에 양배추와 감자를 먼저 넣고 끓이다가 표고버섯과 양파, 두부, 청양고추를 넣어 끓인다.

3 | 2 + 다진 마늘, 된장
채소들이 익으면 다진 마늘과 된장으로 간한다.
Tip_ 취향에 따라 고추장을 조금 넣어도 맛있어요.

4 | 3 + 차돌박이, 대파
차돌박이를 넣고 익으면 대파를 넣어준다.

Beef Brisket Gochujang Stew
차돌박이고추장찌개

차돌박이된장찌개가 채소와 고기를 먹기 위한 순한 요리라면 차돌박이고추장찌개는 칼칼하고 진한 국물 맛이 매력이랍니다. 매콤한 국물을 훌훌 먹으면 우리 아이들도 힘나겠지요?

재료(3~4인분)

차돌박이 150g
멸치 육수 700ml
감자 1개
호박 1/4개
양배추 · 애느타리버섯 1줌씩

청양고추 · 홍고추 1개씩
대파 1/2대
고추장 · 다진 마늘 · 맛술 1큰술씩
된장 · 국간장 1/2큰술씩

1 | 재료 준비하기
감자와 호박은 납작하게, 청양고추, 홍고추, 대파는 송송 썬다. 양배추와 차돌박이는 먹기 좋게 썰고, 애느타리 버섯은 가늘게 뜯어서 준비한다.

2 | 멸치 육수 + 감자, 양배추
멸치 육수에 감자와 양배추를 먼저 넣고 끓인다.

3 | 2 + 호박, 애느타리버섯, 청양고추, 홍고추
2에 호박과 애느타리버섯, 청 · 홍 고추를 넣는다.

4 | 3 + 고추장, 된장, 다진 마늘, 맛술, 국간장
채소가 익으면 고추장과 된장, 다진 마늘, 맛술을 넣고, 국간장으로 간을 맞춘다.

5 | 4 + 차돌박이, 대파
차돌박이는 덩어리지지 않게 한 장씩 넣고, 대파를 넣어주면 완성!

Stir-fried Dried Squid&Gimbap Dried Squid
오징어채볶음&오징어채김밥

나의 단골 도시락 반찬이었던 오징어채볶음. 밑반찬을 별로 좋아하지 않았는데도 오징어채볶음은 참 맛있어 했었지요. 하지만 우리집 딸들은 별로 좋아하지 않더라고요. 그런데 어느 날 남은 오징어채볶음을 해치우기 위해 만들었던 오징어채김밥은 아이들에게 인기가 좋았어요. 이제 오징어채는 김밥용으로 만들어지고 있답니다.

+오징어채볶음

재료(2인분)
오징어채 200g

양념
고추장 2큰술
간장 1.5큰술
물엿 4큰술
맛술 3큰술
다진 마늘 · 물 ·
고추기름 ·
포도씨유 1큰술씩
케첩 1/2큰술

1 | 오징어채를 물에 헹궈 자르기
오징어채는 물에 살짝 헹궈 물기를 빼고, 가위로 먹기 좋게 자른다.

2 | 양념 끓이기
팬에 분량의 양념을 넣고 바글바글 끓인다.
Tip_고추기름이 없다면 포도씨유를 더 넣어주세요.

3 | 2 + 오징어채
끓기 시작한 양념에 오징어채를 넣고 윤기나게 볶아준다.

+오징어채김밥

재료(5줄)
밥 3공기 + 참기름 조금
김밥용 김 5장
오징어채볶음 150g
오이 1개
깻잎 15장
단무지 5줄

달걀말이
달걀 4개
우유 2.5큰술
소금 · 설탕 1/3작은술씩

1 | 재료 준비하기
- 오징어채볶음을 준비한다.
- 밥 : 참기름을 조금 넣어 섞어 식혀준다.
- 달걀말이 : 재료를 잘 섞어 달걀말이를 만든 다음 길게 6등분한다.
- 오이 : 사선으로 썰어 가늘게 채 썬 다음 키친타월로 눌러 물기를 제거한다.
- 깻잎 : 깨끗이 씻어 물기를 제거하고, 깻잎 5장은 2등분한다.
- 단무지 : 물기를 제거한다.

2 | 김밥 말기
김밥용 김에 밥을 얇게 펴고 깻잎을 2장 올리고 오징어채볶음을 올린다. 그 위에 2등분한 깻잎을 올리고, 나머지 재료들을 올려 단단하게 말아준다.

Stir-fried Fish Cake & Gimbap Fish Cake
어묵볶음&어묵볶음김밥

고춧가루로 깔끔하게 매콤한 맛을 낸 어묵볶음은 만들기도 쉽고 두고 먹기도 좋은 단골 밑반찬이에요. 이것저것 채소를 넣어 볶아도 좋지만 어묵만 볶아 마지막에 쪽파를 올려서 깔끔하게 만들어도 맛있답니다. 이렇게 만든 어묵볶음은 꼬마김밥으로 싸서 먹기도 좋지요. 어묵을 넉넉하게 볶아두면 다음 날 김밥으로 한 끼 해결할 수 있으니까 1+1일 때도 망설이지 않고 장바구니에 넣습니다.

Point_ 매콤한 어묵볶음이니까 고춧가루 양은 조절하세요.

재료

사각 어묵 4장
쪽파 1대

양념

고춧가루 · 간장 · 물엿 ·
맛술 · 다진 마늘 · 식용유
1큰술씩
깨소금 약간

+어묵볶음

1 | 어묵, 쪽파 썰기
사각 어묵은 손가락 두께로 길쭉하게, 쪽파는 송송 썬다.

2 | 양념 끓여 어묵 볶기
분량의 어묵 양념을 넣고 팬을 달궈 끓기 시작하면 썰어둔 사각 어묵을 넣고 중간불에서 볶는다.

3 | 2 + 쪽파
어묵에 양념이 배면 쪽파를 넣어준다.

+어묵김밥 만들기

김밥용 김을 4등분해서 밥을 얇게 펴서 깔고, 어묵볶음 1~2개를 넣어 말아준다.

Beef Jangjorim
쇠고기장조림

학교 다닐 때 도시락 반찬에 쇠고기장조림이 들어 있으면 그렇게 좋을 수가 없었어요. 지금은 냉장고에 들어 있는 쇠고기장조림을 보면 한동안 고기 반찬 걱정 안 해도 된다는 생각에 또 그렇게 좋을 수가 없네요. 쇠고기장조림을 맛있게 만드는 몇 가지 노하우가 있답니다. 작은 차이가 맛에서는 큰 차이를 내니까 이 팁들에 신경 써서 쇠고기장조림을 만들어보세요.

재료

쇠고기 사태 600g
마늘 10쪽
삶은 메추리알 15개
풋고추 · 홍고추 · 청양고추
1개씩

쇠고기 삶을 때

물 5컵
양파 1/2개
대파 1대
통후추 1작은술
청양고추 1개

장조림 국물

육수 3.5컵
간장 1/2컵 · 설탕 · 올리고당 ·
맛술 1큰술씩

+쇠고기장조림 맛있게 만드는 노하우

첫째, 핏물 뺀 덩어리 고기는 살짝 데쳐 기름기와 불순물을 제거한 다음 장조림을 만들어주세요.
둘째, 쇠고기는 물이 끓을 때 넣어 육즙이 빠지지 않게 합니다.
셋째, 덩어리째 넣고 조려야 고기가 흐트러지지 않고 짜지 않아요.
넷째, 메추리알, 마늘, 고추 순으로 넣어야 재료들이 무르지 않고 적당히 익는답니다.
다섯째, 고기를 뜯어서 장조림 국물에 담궈주면 국물의 양이 줄어들어요. 국물의 양은 넉넉하게 남겨주세요.

1 | 쇠고기 핏물 제거
쇠고기 사태는 찬물에 30분 정도 담가 핏물을 제거한다.
Tip_중간에 물을 2~3번 갈아주세요.

2 | 끓는 물에 고기 데치기
넉넉하게 물을 끓여 물이 끓을 때 고기를 넣고 표면이 갈색이 되면 바로 건져준다.
Tip_육즙은 빠지지 않고, 깔끔한 장조림을 만들 수 있어요. 데친 물은 버리세요.

3 | 쇠고기 삶기
물에 큼직하게 썬 양파와 대파, 청양고추, 통후추를 넣어 물이 끓으면 데친 쇠고기를 넣어 40~50분 끓여 고기와 육수를 분리한다.

4 | 장조림 국물 + 고기 → 메추리알 20분 → 마늘 10분
장조림 국물에 고기를 넣고 10분 정도 끓이다가 메추리알을 넣고 20분, 마늘을 넣고 10분 조려준다.

5 | 4 + 풋고추, 홍고추, 청양고추
마지막으로 고추들을 넣고 한소끔 끓인다.

6 | 쇠고기 뜯어 국물에 담가두기
장조림한 쇠고기를 먹기 좋게 손으로 뜯어 국물에 담가둔다.

Pork Jangjorim
돼지고기장조림

쇠고기장조림보다 부드럽고 값도 착해서 딸들 어릴 때부터 자주 만들던 밥반찬이에요.
맛도 영양도 가득해서 먹인 엄마는 뿌듯, 아이들에게는 인기 반찬이랍니다.

Point1_ 된장과 마늘을 넣어 먼저 잡 냄새를 없애고, 짜지 않게 조리세요.
Point2_ 마지막에 청양고추를 넣어주면 약간의 칼칼함이 더해져 더 맛있어요.

돼지고기 삶을 때

돼지고기 안심 600g
대파 1대
마늘 5쪽
된장 1큰술
다진 생강·
통후추 1/2작은술씩
물 500ml

조림장

간장 7큰술
청주·맛술 3큰술씩
설탕·물엿 1큰술씩
물 400ml
청양고추 2개

1 | 돼지고기 삶기
돼지고기 안심을 큼직하게 썰어 분량의 양념과 채소들을 넣고 15분 정도 삶는다.

2 | 돼지고기 뜯기
삶은 돼지고기는 건져내어 먹기 좋게 손으로 뜯는다.

3 | 조림장에 조리기
분량의 조림장 양념이 끓으면 찢어둔 돼지고기 안심을 넣어 센 불에서 끓인다.

4 | 청양고추 넣기
돼지고기에 간이 배면 적당히 썬 청양고추를 넣고 살짝 끓여주면 완성!
Tip_ 청양고추를 넣어도 좋고, 넣지 않아도 좋아요.
Tip_ 원하는 만큼 고기에 간이 밸 때까지 조려주세요.

Weed Marinade
김양념장

김은 비타민과 무기질이 듬뿍 들어 있어서 아이들에게도 어른들에게도 환자들에게도 너무나 좋은 재료이지요. 김을 듬뿍 넣어 만든 영양 가득한 양념장은 밥에 슥슥 비벼 먹으면 밥 한 공기가 언제 없어졌나 싶게 사라지지요. 뜨끈한 밥에 비벼 먹어도 좋고, 비빔밥에 고추장 대신 올려 먹어도 좋고, 구운 두부에 올려 먹어도 좋고, 찐 감자에 버무려 먹어도 좋고… 이만하면 만능 양념장이죠? 김양념장을 만들어 냉장고에 넣어두고 다용도로 활용하세요.

❶ 삶은 감자에 무쳐서…
❷ 구운 두부 위에
❸ 비빔밥에…

재료

김 6장
간장 5큰술
고춧가루 · 설탕 · 다진 마늘 ·
물 · 들기름 2큰술씩
포도씨유 · 깨소금 1큰술씩
쪽파 2대
청양고추 1/2~1개

1 | 김 굽기
170℃로 예열한 오븐에 3분 정도 굽거나 가스불에 앞뒤로 구워 비닐에 넣어 비벼 부순다.

2 | 재료 준비하기
쪽파는 송송 썰고, 청양고추는 다진다.

3 | 양념장 만들기
분량의 간장, 고춧가루, 설탕, 다진 마늘, 물, 들기름, 포도씨유, 깨소금을 잘 섞어준다. 그 다음에 송송 썬 쪽파와 청양고추, 김 가루를 섞어준다.

도시락에 대한 추억

도시락 싸는 일은 엄마의 당연한 일이라 여기던 학생 시절. 찬밥을 안 먹던 저는 한여름에도 두 끼 몫의 보온 도시락 2개, 뜨거운 보리차와 시원한 주스가 담긴 보온병도 2개, 그리고 매 식사 후 먹을 과일에 추가 디저트(과자, 사탕)까지……. 책은 학교 사물함에 다 넣어두고, 도시락만 한 보따리씩 들고 다녔죠.

그런데 그때는 엄마의 정성 가득한 도시락보다 매점에서 파는 사발면이 어찌나 맛있던지, 사실 사발면 먹는 시간이 더 행복했어요. 지금 돌이켜보면 엄마에게 죄송한 마음이죠. 이번 기회에 엄마 미안! 그리고 감사 인사도 전하고 싶어요.

제가 기억하는 도시락 반찬들, 예를 들어 계란말이, 어묵볶음, 멸치볶음, 장조림 등을 지금은 일상적으로 먹고, 소풍도 도시락을 집에서 준비하지 않는 경우가 많아져 정말 편해졌는데 한편으론 요즘 아이들에겐 도시락에 얽힌 추억이 없을 것 같아 안타깝기도 해요.

그나마 큰딸은 급식 없는 중학교 3년과 미술 입시 때문에 도시락을 들고 다녔고, 작은딸도 미술학원 다니면서 몇 년 도시락을 먹을 수 있었어요. 싸줄 때는 힘들었지만 언젠가 저처럼 딸들도 도시락에 얽힌 추억을 회상하고, 또 저에게 고마워하기도 하겠죠.

모두가 좋아하는
감자 반찬과 달걀말이

감자는 탄수화물 식품으로 훌륭한 에너지원도 되면서 쌀이나 밀가루에 비해
비타민 C의 함량이 높아요. 다른 채소들과 달리 조리한 후에도 전분이 비타민 C를 보호해
줘 열에도 강하답니다. 특히 면역력도 높이고 감기 예방이나 활성산소를 제거하는 데도
효과가 크니 성장기 우리 아이들에게도 자주 먹이면 좋겠죠?
감자를 보관할 때는 바람이 잘 통하는 실온에 보관하고, 다만 더운 여름에는 감자에 싹이 날
경우가 많으므로 냉장고에 보관하는 게 좋아요. 감자를 보관할 때 사과를 같이 보관하면
싹이 덜 난답니다. 감자가 많이 남았을 때는 망가져서 버리기 전에
껍질을 벗겨 손질해 먹을 만큼씩 냉동 보관해도 괜찮고요.
달걀말이 또한 우리 식탁에서 빠질 수 없는 단골 메뉴이지요
여기서는 아이들이 안 먹는 채소라든지 다양한 식재료를 넣어 변화를 줄 수 있고,
술안주로도 좋은 달걀말이 레시피를 소개합니다.

Stir-fried Potato Bacon
감자베이컨조림

감자는 활용도가 아주 좋아 늘 구비해 놓는 식재료잖아요. 아이들도 좋아하고, 먹는 방법도 다양해서 저희 집에서도 감자는 인기 반찬이라 여러 가지 방법으로 요리한답니다. 감자베이컨조림은 기본 감자조림의 업그레이드 버전으로 베이컨의 풍미가 더해져서 아이들이 더 좋아한답니다.

재료
감자 2개
베이컨 100g
다진 쇠고기 100g + 맛술 ·
다진 마늘 1/2큰술씩
대파 1/2대
깨소금 · 후춧가루 약간씩
뜨거운 물 200ml

조림장
간장 ·
물엿 2.5큰술씩
청주 2큰술

1 | 재료 준비와 조림장 만들기
감자는 납작하게, 베이컨은 1cm 두께로, 대파는 송송 썬다.
- 쇠고기 밑간 : 맛술과 다진 마늘로 조물조물 밑간한다.
- 조림장 : 분량의 재료들을 잘 섞어 준다.

2 | 베이컨 굽기
달군 팬에 기름을 살짝 두르고 베이컨을 구워 키친타월에 올려 기름기를 제거한다.

3 | 고기, 감자 볶기
베이컨 볶은 팬에 밑간한 쇠고기를 덩어리지지 않게 볶다가 감자를 넣어 볶는다.

4 | 3 + 뜨거운 물
3에 뜨거운 물을 넣고 감자가 익을 때까지 뚜껑을 덮어 익힌다.

5 | 4 + 조림장
감자가 익으면 만들어둔 조림장을 넣고 센 불에서 조린다.

6 | 5 + 구운 베이컨, 대파, 깨소금, 후춧가루
구운 베이컨, 대파, 깨소금, 후춧가루를 넣어주면 완성.

Stir-fried Potato Curry
감자카레볶음

인도인들은 매일 카레가루를 한 수저씩 먹는다고 해요. 카레는 항산화 작용과 기억력 향상, 면역력 증가, 식욕 증진에도 좋다고 하니 이렇게 볶음에도 살짝 넣어주면 좋겠죠? 감자에 양파, 당근 등 냉장고 속 채소들을 볶아서 만드는 감자카레볶음은 아이들이 특히 좋아한답니다.

재료

감자 큰 것 2개
양파 1/2개
당근 1/4개, 쪽파 3대
물 3큰술
카레가루 2큰술
식용유 1작은술
소금 약간

1 | 재료 준비하기
감자, 양파, 당근은 채 썰고, 쪽파는 송송 썬다.

2 | 감자 녹말 제거
감자는 찬물에 2~3번 헹궈 녹말을 제거하고 키친타월로 물기를 제거한다.
Tip_ 감자를 썰면서 밖으로 나온 전분을 제거하지 않으면 볶을 때 탄답니다.

3 | 감자 볶기
달군 팬에 기름을 넉넉하게 두르고 감자를 볶다가 물 3큰술을 넣어 같이 볶는다. 소금을 넣어 살짝 밑간한다.
Tip_ 물을 넣어 볶아주면 감자가 잘 익는답니다.

4 | 3 + 양파, 당근
감자가 2/3 정도 익었다 싶으면 양파와 당근을 넣어 볶는다.

5 | 4 + 카레, 식용유
재료들이 다 익으면 카레가루를 체에 쳐서 넣고 식용유를 조금 넣어 부드럽게 볶는다.
Tip_ 체를 이용하면 카레가루가 덩어리지지 않아요.
Tip_ 식용유를 넣어주면 타지 않고 부드럽게 볶을 수 있어요.

6 | 5 + 쪽파
불을 끄고 쪽파를 넣어 잔열로 익히고 부족한 간은 소금으로 보충한다.

Hot Potato Boiled
매운감자조림

감자는 전분이 비타민을 싸고 있어서 40분 이상 삶아도 비타민이 70% 이상 유지된다고 해요. 큼직하게 썰어 매콤하게 조려도 탄수화물뿐 아니라 비타민까지 보충할 수 있는 좋은 영양 반찬이 되지요. 국물을 자작하게 만들어 밥을 비벼 한 그릇 뚝딱! 너무 아이들만 챙기지 말고 엄마들도 맛있게 드세요.

재료
감자 큰 것 2개
양파 1/2개
쪽파 3대
참기름 약간
다시마 육수 300~400ml

양념장
간장 1.5큰술
고추장 · 고춧가루 · 다진 마늘 · 맛술 · 설탕 · 식용유 1큰술씩

1 | 재료 준비하기
감자는 반을 잘라 4~6등분으로 큼직하게, 양파도 감자와 비슷한 크기로 썬다. 쪽파는 송송 썬다.

2 | 다시마 육수 + 감자
감자에 다시마 육수를 넣고 뚜껑을 덮어 익힌다.

3 | 양념장 만들기
분량의 재료를 섞는다.

4 | 2 + 양념장, 양파
감자가 익으면 양념장과 양파를 넣고 자작하게 5분 정도 조린다.

5 | 4 + 쪽파
4에 쪽파를 넣어 완성한다.

Potato Pancake
감자채전

감자 한 개로 후다닥 만들 수 있는 초간단 반찬이에요. 채칼로 슥슥 가늘게 채 썬 감자에 짭조름한 스팸도 채 썰어 섞어 구워주면 되거든요. 부침가루도 밀가루도 필요 없어요! 감자를 자를 때 나오는 전분 때문에 잘 붙거든요. 스팸 대신 햄이나 베이컨, 이도저도 없으면 감자만으로 부쳐도 맛있답니다. 다른 채소를 채 썰어 섞어도 좋지요.

재료

감자 큰 것 1개
스팸 큰 통의 1/4

1 | 감자, 스팸 채썰기
감자는 채칼로 가늘게 썰고, 스팸은 짧은 쪽으로 가늘게 채 썬다.

2 | 채 썬 감자 + 채 썬 스팸
감자와 스팸을 살살 섞는다.
Tip_ 채소만으로 만들 때는 소금간을 조금 해주세요.

3 | 굽기
달군 팬에 기름을 넉넉하게 두르고, 앞뒤로 구워 준다.
Tip_ 속까지 잘 익도록 뚜껑을 덮어 구워주면 좋아요.

Cheese Rolled Omelet
치즈달걀말이

재료

달걀 5개
물 2큰술
소금 조금
햄 · 양파 · 당근 ·
시금치 다진 것 1큰술씩
슬라이스치즈 1장
모차렐라치즈 1줌

1 | 달걀물 만들기

달걀에 물과 소금을 넣고 잘 풀어준다.
Tip_ 물 대신 멸치 육수나 다시마 육수도 좋아요.
Tip_ 체에 걸러 알끈을 제거하면 더 매끈하게 만들 수 있어요. 중간중간 가위질해서 알끈을 끊어줘도 어느 정도 매끈해진답니다.

2 | 1+ 다진 햄, 채소들

1에 준비한 다진 햄과 채소들을 넣고 섞는다.

3 | 달걀말이 만들기

- 달군 팬에 기름을 두르고 키친타월로 닦아 얇게 펴 바른 다음 달걀물을 부어 얇게 펴준다.
- 달걀 아래쪽이 살짝 익으면 위에 치즈들을 올리고, 위쪽 달걀물이 익기 전에 한쪽 방향으로 돌돌 눌러가며 말아준다.
- 팬 끝까지 말면 달걀말이를 반대쪽으로 옮기고 빈 곳에 달걀물을 얇게 부어 같은 방법으로 말아준다.

Tip_ 팬이 충분히 달궈진 상태에서 달걀물을 부은 다음 불을 약하게 줄여주세요.
Tip_ 중간중간 눌러가며 말고, 끝부분은 달걀물을 얇게 부어야 매끈하게 마무리 된답니다.

Hart Rolled Omelet
하트달걀말이

저는 시금치를 별로 안 좋아해서 김밥 속 시금치 정도나 겨우 먹을까, 시금치무침 반찬은 잘 안 먹었어요. 그런데 나이가 들어가면서 요즘은 맨입에도 시금치가 맛있는 거 보면 입맛은 계속 변하나 봐요. 딸들도 남편도 별로 좋아하지 않는 시금치무침을 달걀말이 속에 듬뿍 넣어 반을 잘라 하트 모양으로 붙여주니까 잘 먹는 거 보면 요리도 모양이 참 중요하다는 생각이 들어요. 노란 달걀말이 속에 초록색 시금치나물… 아이들에게 달걀말이로 사랑의 하트를 날리세요.

재료	시금치무침
달걀 5개	데친 시금치 1줌
물 2큰술	들기름 1큰술,
소금 약간	다진 마늘 1작은술
	국간장 1/2작은술
	소금 약간

1 | 시금치무침 만들기

- 끓는 물에 살짝 데친 시금치는 넓게 펴서 식힌다.
- 식힌 시금치의 물기를 살짝만 짜내고 들기름, 다진 마늘, 국간장으로 양념하고 소금으로 간한다.

Tip_ 데친 시금치는 찬물에 헹구지 않고 넓은 도마나 접시에 담아 재빨리 식혀야 영양분과 단맛이 빠지지 않아요.

2 | 달걀말이 만들기

- 달걀, 물, 소금을 조금 넣어 잘 풀어 달걀물을 만든다.
- 달걀말이 말기 : 달군 팬에 기름을 살짝 바르고, 달걀물을 부어준 다음 시금치무침을 올려 눌러가며 달걀말이를 만든다.

Tip_ 꾹꾹 눌러가면서 만들어야 시금치무침이 빠지지 않아요.

3 | 썰기

도톰하게 썬 달걀말이는 사선으로 썰어 하트 모양으로 담는다.

Topping Rolled Omelet
토핑달걀말이

달걀말이 위에 돈까스소스, 마요네즈, 파래 가루, 가쓰오부시 등 토핑을 얹어 오꼬노미야끼 스타일로 만든 달걀말이예요. 맛살만 넣고 부드럽게 만든 달걀말이 위에 토핑으로 포인트를 준, 비주얼도 예쁜 달걀말이랍니다. 아이들의 밥반찬으로도 좋고, 남편을 위한 술안주로도 좋아요.

재료
달걀 6개
크래미 3개
소금 1/4작은술
다시마 육수 4큰술

토핑
돈까스소스 또는 오꼬노미야끼
소스 · 마요네즈 · 파래 가루 ·
가쓰오부시 적당량씩

+파래 가루
파래를 말려 분말로 만든 가루로 일식 재료를 파는 마트나 백화점 슈퍼에서 구입할 수 있어요. 색이 선명하고, 맛이 강하지 않아서 요리의 토핑으로 사용하기 좋답니다.

1 | 달걀물 만들기
달걀에 소금과 다시마 육수를 넣어 잘 풀어준다.
Tip_ 부드러운 식감의 달걀말이라 체에 내려주거나 가위로 알끈을 끊어주세요.

2 | 1 + 크래미
크래미는 최대한 가늘게 찢어 달걀물에 잘 섞는다.

3 | 달걀말이 만들기
묽은 달걀물이라 중약불에서 재빨리 말아준다.
Tip_ 크래미가 한곳에 뭉치지 않도록 해주세요.

4 | 토핑 얹기
먹기 좋게 썬 달걀말이 위에 돈까스소스(또는 오꼬노미야끼소스), 마요네즈, 파래 가루, 가쓰오부시를 올린다.

+마요네즈 가늘게 짜기
접착력이 있는 랩을 밀착시켜 이쑤시개 등으로 작게 구멍을 내서 짜주세요.

Welsh Onion Rolled Omelet
대파달걀말이

알싸한 향의 대파는 볶아주면 기름에 풍미를 더해주고, 대파 자체는 단맛이 난답니다. 달걀말이에도 볶은 대파만 잔뜩 넣어주면 색다른 맛의 달걀말이를 만들 수 있어요. 저희 집은 큰딸이 벌써 대파의 맛을 알아서 생으로도 참 잘 먹거든요. 들기름에 달달 볶은 대파의 풍미가 가득한 대파달걀말이는 만들기도 간단하고, 맛도 있어서 반찬 없고, 시간 없을 때 휘리릭 만들어 먹어요.

Point_ 들기름은 높은 온도에서 오래 두면 불포화지방이 포화지방으로 바뀌므로 중약불에서 1분 정도만 대파를 짧게 달달 볶아주세요.

재료

달걀 5개
멸치 육수 2큰술
대파 2대
들기름 1큰술
국간장 1/2큰술
소금 약간

1 | 재료 준비하기

달걀, 멸치 육수, 소금을 섞어 달걀물을 만들고, 대파는 가늘게 송송 썬다.
Tip_ 대파를 넣는 달걀말이라 멸치 육수가 잘 어울린답니다. 없으면 물로 대체하세요.

2 | 들기름에 대파 볶기

달군 팬에 들기름을 두르고 대파를 볶다가 숨이 죽으면 국간장으로 간한다.
Tip_ 1분만 볶아주세요.

3 | 달걀말이 만들기

볶은 대파를 한쪽으로 몰고, 달걀물을 부어 달걀말이를 만든다.
Tip_ 팬 바닥의 양념을 닦아주면 깔끔하게 만들 수 있어요.

건강하게만 자라다오
보양식과 별미요리

아이들이 어렸을 때는 건강하고 키가 컸으면 하는 바람으로, 중·고등학생이 된 다음부터는 체력을 위해 엄마의 집밥을 알뜰살뜰 챙긴답니다. 물론 가끔은 배달과 외식의 힘을 빌리기도 했지만 말이에요. 비싼 보약 한번 안 먹여도 건강한 건 타고난 체력과 식성도 있겠지만 10%쯤은 엄마의 정성이 담긴 밥을 먹어서가 아닐까 혼자 뿌듯해 해봅니다.

아이들이 힘들어 할 때 엄마의 사랑과 정성을 담아 요리해주세요. 힘내라고 응원까지 더해지면 그게 바로 보양식이고 별미요리죠.

Beef Brisket Bean Sprouts Bulgogi
차돌박이콩나물불고기

처음 대패삼겹살로 만들어 먹기 시작했던 콩나물불고기, 콩불! 다양한 고기로 만들어 먹어 봤는데 , 아이들이 제일 좋아하는 최고의 맛은 차돌박이였답니다. 고기와 야채들을 듬뿍 먹은 다음 남은 양념에 볶아 먹는 밥이 또 예술이라 아이들은 물론 가족 모두 좋아하는 별미요리가 되었지요. 처음에는 고기만 골라 먹던 아이들도 아삭한 콩나물의 매력을 알고 부터는 콩나물이 더 맛있다며 아삭아삭 잘 먹는답니다. 다른 반찬은 준비하지 마세요. 콩불 하나면 식사 준비 끝!

재료(3~4인분)

차돌박이 300g
김치 2/3공기
콩나물 1봉지(250g)
깻잎 10장
대파 1대
후춧가루 약간

콩불 양념장(2회 분량)

고춧가루 3큰술
설탕·맛술·간장·고추장 2큰술씩
다진 마늘 1큰술
물엿 1/2~1큰술
다진 생강 1/2작은술

볶음밥

밥·참기름·김 가루·
모차렐라치즈 적당량씩

1 | 양념장 만들기
분량의 양념들을 섞어 양념장을 만든다.
Tip_ 넉넉하게 만들어 냉장고에 보관했다가 사용해도 좋아요.

2 | 김치 + 양념장
가위로 김치를 작게 자르고, 양념장 1큰술을 넣어 버무린다.

3 | 재료 준비
깻잎은 1cm 두께로, 파는 송송 썬다. 콩나물을 깨끗이 씻어 물기를 뺀다.

4 | 팬에 올리기
달군 팬에 차돌박이를 깔고, 위에 김치를 올린 다음 후추를 뿌린다. 그 위에 콩나물과 깻잎, 대파를 올리고 양념장 2~3큰술을 올려준다.
Tip_ 양념장의 양은 야채와 고기의 양, 취향에 따라 조절하세요.

5 | 볶기
콩나물의 숨이 살짝 죽으면 고기와 야채, 양념들을 잘 섞어가며 익힌다.

6 | 볶음밥 만들기
고기와 야채들을 조금 남겨 밥, 김 가루, 참기름을 넣어 볶고, 모차렐라치즈를 올려준다.

Spicy Chicken Soup & Boiled Chicken Soup
닭개장&닭곰탕

닭 한 마리로 끓일 수 있는 푸짐한 보양식 닭개장! 닭을 삶아 살을 발라내야 하는 번거로움이 있지만 거기까지 해두면 닭개장의 70%는 끓인 셈이랍니다. 고춧가루를 넣지 않고 닭곰탕으로 먹어도 맛있고, 고춧가루로 매콤하게 양념해서 얼큰하게 끓여도 맛있는 닭개장은 딸들도 남편도 모두 좋아하는 국물요리지요. 남편은 육개장보다 이게 더 맛있다며 닭살은 자기가 뜯을 테니 만들어만 달라고 하더라고요.

재료(5~6인분)
닭 1마리(1kg)
숙주 3줌
애느타리버섯 2줌
대파 2대

닭 삶을 때
물 11컵
마늘 6쪽
마늘만 한 생강 3쪽
통후추 15알
월계수잎 2장
대파 1대

닭고기와 채소 양념
국간장 3큰술
고춧가루 2큰술
다진 마늘·참기름 1큰술씩

+ 초간단 닭곰탕 끓이기
닭볶음탕용 닭 1마리, 물 10컵, 마늘 6쪽, 마늘만 한 생강 3쪽, 통후추 15알, 월계수잎 2장, 대파 1대. 재료를 모두 넣고 50분 동안 삶아 닭고기는 건져내고 육수만 거름지나 체에 거른 후 닭고기와 육수에 대파와 소금을 넣어 끓인다.

1 | 닭 삶기
닭은 깨끗이 씻어 꼬리와 다리 안쪽의 기름을 떼어내고, 재료들과 함께 40~50분 삶는다.

2 | 닭살 바르고 닭 육수 내기
닭살은 발라내고 뼈는 다시 육수에 넣고 30분 정도 더 끓인다.
Tip_ 귀찮으면 뼈로 육수 내는 과정 생략!

3 | 재료 준비하기
숙주는 깨끗이 씻고, 애느타리버섯은 가늘게 찢는다. 대파는 5cm 정도 길이로 길쭉하게 썬다.

4 | 채소 데치기
대파, 숙주, 애느타리버섯은 살짝 데쳐 물기를 꾹 짠다.

5 | 닭살과 데친 채소 양념하기
닭살과 데친 채소들에 분량의 양념을 넣어 조물조물 무친다.

6 | 육수 거르기
30분 더 끓인 닭 육수에서 기름과 뼈를 거른다.

7 | 거른 육수 + 닭살과 채소무침
냄비에 5를 넣고 육수를 부어 충분히 끓인다. 부족한 간은 소금으로 한다.

Hot Spicy Meat Stew
육개장

손이 많이 가는 채소들을 넣지 않고 숙주와 대파를 듬뿍 넣고 끓인 심플한 육개장이에요. 아이들은 사실 고사리나 토란대를 별로 좋아하지 않아서 이렇게 끓인답니다. 예전에는 육개장 한번 만들려면 큰맘 먹고 끓여야 했거든요. 이렇게 심플하게 끓이니까 만만해서 자주 해 먹게 되더라고요. 채소를 싫어하는 작은딸이 희한하게 육개장 속 숙주와 대파를 먹어주니까 저에겐 고마운 메뉴예요. 1년에 한 번 끓일까 말까 하던 육개장, 이제는 자주 끓여 먹는답니다.

재료(4인분)

쇠고기 사태(또는 치맛살)
350g + 물 12컵
숙주 2줌
대파 3대
청양고추 ·
홍고추 1개씩
당면 60g
달걀 1개
국간장 약간

고추기름

포도씨유 1.5큰술
고춧가루 ·
다진 마늘 1큰술씩
다진 생강 1작은술

고기와 채소 양념

국간장 2큰술
고춧가루 · 다진 마늘 1큰술씩

1 | 육수 내기
30분 정도 찬물에 담가 핏물을 뺀 쇠고기는 큼직하게 썰어 물을 붓고 1시간 정도 끓여 육수를 낸다. 고기는 건져내고 육수는 준비해둔다.

2 | 재료 준비하기
숙주는 깨끗이 씻고, 대파는 6cm 길이로, 고추는 어슷하게 썬다.
1의 쇠고기는 먹기 좋게 찢는다.

3 | 채소와 당면 데치기
커다란 냄비에 물을 넉넉하게 끓여 숙주 10초, 대파는 15초 데쳐낸다.
그 물에 당면도 5분 정도 삶아 찬물에 헹궈준다.

4 | 고기와 채소 양념하기
고기와 데친 숙주, 대파, 분량의 양념을 넣고 조물조물 무친다.

5 | 고추기름 내기
냄비에 포도씨유를 둘러 온도가 따뜻해지면 고춧가루와 다진 마늘, 다진 생강을 넣어 살짝 볶다가 1의 육수를 부어 끓인다.
Tip_기름이 뜨거울 때 고춧가루를 넣으면 타니까 조심하세요.

6 | 5 + 양념에 버무린 고기와 채소 + 청양고추, 홍고추
양념한 고기와 채소를 넣고 푹 끓이다가 청양고추, 홍고추를 넣는다.

7 | 6 + 당면 + 달걀
6을 충분히 끓인 다음 마지막으로 당면을 넣고, 풀어둔 달걀을 넣고 10초 후 휘저어준다. 부족한 간은 국간장으로 맞춘다.
Tip_당면과 달걀은 먹기 전에 넣어주세요.

Chicken kalguksu
닭한마리칼국수

동대문에 유명한 닭한마리칼국수 집이 있어요. 먹는 방법은 닭 한 마리에 감자와 김치, 떡볶이 떡 등을 넣고 끓여서 물에 불린 마른 고추 다대기로 만든 소스를 찍어 먹지요. 아이들이 좋아해서 집에서는 더 큼직한 닭에 더 푸짐한 사리를 넣어 집밥 스타일로 만들어 먹는답니다. 딸의 친구들이 놀러왔을 때 끓여주면 모두 엄지 척 들어주며 와자지껄.
이제 복날에도 푸짐한 닭한마리칼국수 끓여 먹어요.

재료(3~4인분)
닭 1마리(1kg) + 물 10컵
감자 2개
대파 1대
김치 1공기 가득
떡볶이 떡 ·
칼국수 면 적당량
매운 양념 1~2큰술

닭 삶을 때
대파 1대
마늘 5쪽
마늘만 한 생강 3쪽
통후추 10알

매운 양념
고추장 4큰술
다진 마늘 ·
고춧가루 · 멸치액젓 · 맛술 ·
국간장 2큰술씩
다진 생강 · 혼다시 1작은술씩

소스
매운 양념 + 닭 육수(1:1)를
섞고 식초 · 연겨자 · 간장
취향만큼

1 | 닭 삶기
냄비에 닭이 잠길 정도의 물을 붓고 닭과 닭 삶을 때 넣는 재료들을 넣고 40분 정도 삶아 닭과 육수를 분리한다.
Tip_닭은 꼬리와 다리 안쪽, 목 부분의 기름 부위를 제거하고 삶아주세요.
Tip_육수는 칼국수 넣을 것을 감안해서 넉넉히 준비하고, 위에 뜨는 기름기를 걷어주세요.

2 | 매운 양념 만들기
Tip_미리 만들어 3일 정도 숙성시키면 더 맛있어요.

3 | 재료 준비하기
감자는 1cm 정도 두께로 썰고, 파는 길쭉하게 썬다. 김치는 먹기 좋은 크기로 썰어 물에 씻어 물기를 짜고 떡볶이 떡도 준비한다.
Tip_냉동 떡볶이 떡이라면, 뜨거운 물에 데쳐 부드럽게 만들어 준비하세요.
Tip_백김치도 좋아요.

4 | 소스 만들기
매운 양념에 닭 육수와 식초, 연겨자, 간장을 넣어 각자 취향대로 소스를 만든다.

5 | 자른 닭 + 육수 + 사리 + 매운 양념
닭은 먹기 좋은 크기로 잘라 넣고, 육수, 사리를 넣고, 매운 양념으로 간을 한 다음 끓이면서 먹는다. 닭은 소스에 찍어 먹는다.
Tip_닭과 사리들을 먹은 다음 육수를 보충해 칼국수를 끓여 먹어요.

Beef Slices
쇠고기수육

아이들은 구워 먹는 고기를 좋아하지만 담백한 쇠고기수육도 잘 먹지요. 새콤달콤 오이초무침을 곁들여 산뜻하게 먹는 쇠고기수육 맛은 돼지고기수육과 달리 담백해서 좋아요. 아이들이 특별한 메뉴를 원할 때 예쁘게 담아 내놓으면 사랑받는 메뉴랍니다. 초대 메뉴로도 손색없어요.

Point_쇠고기 삶은 육수는 버리지 마세요! 기름기 걷어내고 국밥을 끓이면 되거든요.

재료	사태 삶을 때	단촛물
쇠고기 사태 400g	양파 1/4개	현미식초 3큰술
오이 2개	대파 1대	설탕 1작은술
대파 1대	마늘 5쪽	소금 1/2작은술
단촛물 적당량	마늘만 한 생강 2쪽	
참기름 1작은술	통후추 10알	
깨소금 약간	청주 2큰술	

1 | 사태 삶기
찬물에 30분 이상 담가 핏물을 뺀 사태에 자작하게 물을 붓고 사태 삶을 때 넣는 재료들을 넣고 덩어리째 1시간 정도 삶는다.
Tip_ 육수는 따로 보관하세요.

2 | 사태 식히기
삶은 사태는 비닐 랩으로 꽁꽁 싸서 모양을 잡고, 이쑤시개로 군데군데 찔러 김빠질 구멍을 낸 다음 냉장고에서 차게 식힌다.
Tip_ 이 상태로 냉동실에 넣었다가 해동해서 먹을 수 있어요.

3 | 단촛물 만들기
분량의 재료들을 내열 용기에 담아 전자레인지에서 30초 돌린다. 따뜻해진 단촛물은 잘 저어 소금과 설탕을 완전히 녹인다.
Tip_ 식초는 현미식초가 아닐 경우 산도가 달라 양을 조절해야 해요.

4 | 오이와 파 썰기
오이는 감자 필러로 길게 긁어 적당한 크기로 썬다. 키친타월로 눌러 물기를 제거하고, 대파는 채 썬다.

5 | 오이파초무침 만들기
오이와 파에 단촛물과 참기름, 깨소금을 버무려 오이파초무침을 만든다.

6 | 담기
수육을 얇게 썰어 오이파초무침을 곁들여 담는다.

온반
Soup with Rice

별다른 양념을 하지 않고 깔끔하게 먹는 온반은 쇠고기수육을 한 다음 날 해 먹는 보너스 요리랍니다. 처음에는 좀 심심한가 싶지만 먹을수록 매력이 느껴지지요. 끓이기도 어렵지 않아요.

Point 1_ 쇠고기수육 삶은 육수를 거른 후에 기름기를 걷어내고 온반의 육수로 사용합니다.

Point 2_ 냉동실에 남은 다른 고기 육수가 있다면 합쳐서 끓여도 맛있답니다.

Point 3_ 숙주와 애느타리버섯을 듬뿍 넣어 주세요.

쇠고기수육은 육수로 온반까지 만들어 알뜰하게 챙겨 먹을 수 있습니다.

재료(2인분)

쇠고기수육 100g(p.231 참조)
고기 육수 700ml
숙주 2줌 가득
애느타리버섯 1줌
대파 1대
다진 마늘 · 국간장 1작은술씩
소금 약간

+ 숙주 보관 팁

남은 숙주는 찬물에 담가 냉장고에 넣어 매일 물을 갈아주면 5일 정도 보관 가능합니다.

1 | 재료 준비하기

- 쇠고기수육 : 잘게 썬다.
- 육수 : 쇠고기수육 삶은 육수, 닭 육수 등 고기 육수 준비
- 숙주 : 끓는 물에 살짝 데쳐 물기를 짠다.
- 애느타리버섯 : 가늘게 뜯어준다.
- 대파 : 송송 썬다.

2 | 쇠고기 육수 + 애느타리버섯, 수육

쇠고기 육수에 애느타리버섯과 수육을 넣고 끓인다.

3 | 간하기

분량의 다진 마늘과 국간장으로 간한다.

4 | 대파와 데친 숙주 넣기

송송 썬 대파와 데친 숙주를 넣고 부족한 간은 소금으로 맞춘다. 그릇에 밥을 담고 위에 국을 담아 국밥 스타일로 낸다.

Vietnamese Spring Rolls
월남쌈

대부분의 아이들은 채소 먹는 걸 그렇게 즐겨 하지 않지요. 월남쌈은 아이들에게 채소를 듬뿍 먹일 수 있는 좋은 메뉴입니다. 어떤 재료를 꼭 넣어야 한다는 공식은 없어요. 좋아하는 채소들과 냉장고 속에서 기다리고 있는 채소와 과일을 준비해주면 되거든요. 칼질에도 너무 신경 쓰지 마세요. 어린잎채소, 방울토마토, 숙주처럼 썰 필요 없는 채소들을 준비해서 아이들과 함께 만들어 드세요. 쇠고기볶음에 쌀국수를 버무려 곁들이면 더 푸짐한 월남쌈을 즐길 수 있답니다.

재료(3~4인분)

달걀지단 : 달걀 1개 + 소금 약간
빨강·노랑 파프리카 1/2개씩
어린잎채소·적채·
방울토마토·숙주 1줌씩
파인애플 링 3개
쌀국수 100g
라이스페이퍼 적당량
핫칠리소스·해선장소스 적당량

쇠고기볶음
쇠고기 불고기감 300g
목이버섯 10g
양파 1/2개
해선장 3큰술 + 멸치액젓 1큰술

쇠고기 밑간
간장·다진 마늘 1작은술씩
맛술·달걀흰자 1큰술씩
후춧가루 약간

양파절임
채 썬 양파 1개 분량
식초 3큰술
물엿 1큰술
소금 1/4큰술

1 | 재료 밑준비
- 쌀국수, 목이버섯 불리기 : 물에 30분 이상 불린다.
- 양파 절이기 : 채 썬 양파는 분량의 절임 양념을 넣고 10분 이상 절인다.
- 쇠고기 밑간 : 분량의 양념을 넣어 조물조물 무친다.

2 | 달걀지단 부치기
달걀에 소금을 조금 넣고 잘 풀어 지단을 부친다.
Tip_ 쇠고기 밑간하고 남은 노른자도 합쳐주세요.

3 | 재료 준비하기
파프리카, 적채, 달걀지단은 채 썰고, 파인애플은 8등분, 방울토마토는 2등분 한다. 어린잎채소와 숙주는 씻어서 물기를 제거한다.

4 | 쇠고기볶음 만들기
- 밑간한 쇠고기를 볶다가 양파와 불린 목이버섯을 넣어 볶는다. 해선장과 멸치액젓을 섞은 양념을 넣어 간한다.
- 불린 쌀국수는 끓는 물에 잠깐 넣었다가 건져 쇠고기 볶은 팬에 식용유를 조금 넣고 살짝 버무려 쇠고기볶음과 같이 담는다.

5 | 상 차리기
쇠고기볶음과 채소들, 라이스페이퍼와 뜨거운 물, 핫칠리소스와 해선장 등 소스를 곁들여 낸다.

Shrimp Taco
새우타코

타코는 또르티야 등에 싸 먹는 멕시코 요리인데요. 친한 친구가 타코파티에 만들어 가야 한다며 며칠을 궁리해서 만든 레시피랍니다. 인기 만점이었다고 입에 침이 마르게 자랑하길래 저도 레시피를 얻어 만들어봤는데 식구들이 모두 맛있게 잘 먹더라고요. 특별한 날 만들어 먹기 좋은 새우요리로 찜했어요!

재료(2~3인분)

새우 300g
파프리카 · 양파 1개씩
쪽파 3대
토르티야 적당량

새우 재울 양념

포도씨유 2큰술
카레가루 ·
간장 1.5큰술씩
레몬즙 1큰술
다진 마늘 1작은술
후춧가루 약간

요거트 마늘소스

플레인 요거트 3큰술
마요네즈 2큰술
다진 마늘 · 올리고당 · 레몬즙
1작은술씩
파슬리 약간

1 | 새우 재우기
새우 재울 양념을 잘 섞어 새우를 넣고 버무려둔다.

2 | 재료 썰기
양파와 파프리카는 사방 1cm 크기로 썰고, 쪽파는 송송 썬다.

3 | 요거트 마늘소스 만들기
분량의 재료를 섞어 만들어둔다.

4 | 채소 볶기
양파를 볶다가 파프리카를 넣고 살짝 볶아 따로 담아둔다.

5 | 새우 볶기
센 불에서 물기가 생기지 않게 새우를 볶는다.

6 | 담기
큰 접시에 볶은 채소를 담고 위에 볶은 새우를 올리고 쪽파를 뿌려준다. 요거트 마늘소스, 토르티야와 함께 낸다.

Hashed Rice
하이라이스

하이라이스는 얇게 썬 쇠고기와 양파를 버터로 볶아서 만드는 일본식 서양요리예요. '하야시라이스'를 잘못 표기하여 하이라이스가 되었다고 해요. 하이라이스는 집에 있는 케첩과 우스터소스를 이용해서 만들 수 있으니까 따로 분말은 사지 마세요. 하이라이스에 반신욕 하는 밥군! 담을 때도 센스를 발휘하면 아이들이 열광한답니다.

재료(4인분)

쇠고기 300g
양파 2개
당근 1/2개
양송이 4개
버터 2큰술 + 식용유 1/2큰술
밀가루 2큰술

토마토케첩 5큰술
우스터소스 2큰술
간장 1큰술
물 600ml
물전분(감자전분 1큰술 + 물 1.5큰술)

1 | 재료 준비하기
양송이는 송송, 양파는 가늘게 채 썰고, 당근과 쇠고기는 양파 길이로 납작하게 썬다.

2 | 양파 볶기
달군 냄비에 버터와 식용유를 넣고, 중약불에서 양파가 약간 갈색이 나게 볶은 다음 밀가루를 넣고 5분 이상 더 볶는다.
Tip_ 양파는 충분히 볶아 단맛을 내주세요.
Tip_ 밀가루를 넣고 충분히 볶아야 밀가루의 생맛이 나지 않아요.

3 | 쇠고기, 당근, 양송이 볶기
양파를 충분히 볶은 다음 쇠고기와 당근, 양송이를 넣어 차례로 볶는다.

4 | 3 + 물, 케첩, 우스터소스, 간장
3에 물과 케첩, 우스터소스, 간장을 넣고 재료들이 완전히 익을 때까지 끓인다.

5 | 4 + 물전분
하이라이스의 농도를 보면서 물전분을 조금씩 넣어가며 저어준다.

6 | 담기
넓은 그릇에 밥을 가볍게 뭉쳐서 밥군 모양으로 만들고, 하이라이스를 올려서 낸다.

Salmon Sushi
연어초밥

연어초밥은 저에게 참 고마운 메뉴예요. 딸의 미술학원 도시락을 한참 싸다 나를 때 후다닥 만들어 갖다주면 7첩반상 도시락보다 더 반가워했거든요. 그냥 먹어도 맛있지만 위에 요거트소스와 양파를 올려주면 회전초밥집 인기초밥으로 업그레이드! 살짝 느끼할 수도 있는 연어를 산뜻하게 먹을 수 있답니다. 훈제연어만 있으면 단촛물도 전자레인지에 돌려 간단하게 만들어 생색낼 수 있는 좋은 메뉴지요.

재료(2인분)

밥 2공기 + 단촛물 1.5큰술
훈제연어 적당량
양파 1/2개
연와사비 적당량
(쪽파 또는 파래 가루)

단촛물

현미식초 3큰술
설탕 1작은술
소금 1/2작은술

요거트소스

떠먹는 플레인 요거트 2큰술
마요네즈 1큰술
다진 마늘 · 레몬즙 1작은술씩
올리고당 1/2작은술

1 | 단촛물 만들기
분량의 재료들을 내열 그릇에 넣고 전자레인지에서 30초 돌린다.
따뜻해진 단촛물은 잘 저어 소금과 설탕을 완전히 녹인다.
Tip_식초는 현미식초가 아닐 경우 산도가 달라 양을 조절해야 해요.

2 | 밥 + 단촛물
밥이 뜨거울 때 단촛물을 넣고 잘 섞어 식힌다.

3 | 양파 썰기
양파는 가늘게 채 썰어 찬물에 담가 매운맛을 제거한다.

4 | 요거트소스 만들기
분량의 재료를 섞어 요거트소스를 만든다.

5 | 초밥 만들기
초밥을 적당히 뭉쳐 위에 연와사비를 얹고 길쭉하게 썬 연어를 올린다. 요거트소스와 채 썬 양파를 올려주면 완성.
Tip_토핑으로 송송 썬 쪽파나 파래 가루를 올려주면 좋아요.

+남은 연어 조각으로 까나페 만들기
양상추 위에 마요네즈, 양파, 땅콩버터, 오이피클, 연어, 홍고추 순으로 올린다.

Shrimp Fried Rice
새우볶음밥

자주 해 먹는 볶음밥도 소스를 달리 해주면 별미로 만들 수 있지요. 새우볶음밥에 아삭한 숙주와 매콤한 핫칠리소스를 넣어 매콤함을 더하고 꼬릿꼬릿한 멸치액젓을 넣어주면 동남아풍 볶음밥으로 변신한답니다. 냉장고 속 남은 재료들과 소스들로 색다른 볶음밥에 도전해보세요. 아이들도 색다른 맛에 한 그릇 뚝딱 먹는답니다.

재료(2인분)

밥 2공기
새우 6마리
베이컨 3장
숙주 1줌 가득
양배추 1줌
대파 1대
달걀 1개
(땅콩가루 1큰술)

소스

핫칠리소스·
굴소스 1큰술씩
멸치액젓 1작은술

1 | 재료 준비하기
새우와 베이컨은 1cm 길이로 썰고, 양배추와 대파는 송송 썬다. 숙주는 깨끗이 씻어 물기를 제거한다.

2 | 소스 만들기
분량의 소스 재료를 섞어 만든다.

3 | 스크램블에그 만들기
달군 팬에 기름을 살짝 두르고, 달걀을 볶아 스크램블에그를 만들어 따로 담아둔다.

4 | 볶기
기름을 둘러 대파를 먼저 볶고, 베이컨과 양배추, 새우 순서로 볶는다.

5 | 4 + 밥, 스크램블에그
4에 밥과 스크램블에그를 넣어 잘 섞어준다.

6 | 5 + 소스, 숙주
5에 소스를 넣고 볶은 다음 숙주를 넣고 불을 끄고 잔열로 숙주를 익힌다.
Tip_ 땅콩 가루를 넣어주면 고소함까지 더할 수 있어요.

Cream Omelet Rice
크림오므라이스

오므라이스는 먹기도 간단해 쉬워 보이지만 은근히 쉽지 않은 요리죠. 언젠가 일본 드라마에서도 요리사가 쉬지 않고 연습하는 장면이 나오더라고요. 하지만 그렇게 연습하지 않아도 멋지게 만들 수 있는 비법을 알려드릴게요. 노란 달걀에 하얀 크림소스를 곁들인 이 오므라이스는 풍미도 좋고 고급스럽기까지 하답니다. 달걀 속 볶음밥에는 채소들을 숨기고, 크림소스 위에 어린잎채소를 슬쩍 올려주면 샐러드도 따로 필요 없어요.

Point_ 크림소스 속 청양고추! 자칫 느끼할 수 있는 크림소스에 청양고추를 넣어주면 느끼함이 반!

재료(2인분)

볶음밥
밥 2공기
베이컨 3줄
양파 1/4개
표고버섯 2개
파프리카·호박 1/8개씩
케첩 2큰술
우스터소스 1큰술

달걀지단(2개 분량)
달걀 3개
우유 2큰술
소금 약간
(전분 1작은술)

크림소스
양파 1/4개
청양고추 1개
다진 마늘 1/2큰술
우유·생크림 200ml씩
달걀 1개

토핑
발사믹크림소스·
어린잎채소 약간씩

1 | 재료 준비하기
- 볶음밥 재료 : 베이컨, 양파, 표고버섯, 파프리카, 호박 등 볶음밥에 넣을 채소는 작게 다진다.
- 크림소스 재료 : 양파와 청양고추는 다진다.
- 달걀에 우유와 소금, 전분을 잘 풀어주고, 어린잎채소는 씻어서 물기를 제거한다.

Tip_ 달걀에 전분을 넣어주면 잘 찢어지지 않아요.

2 | 볶음밥 만들기
베이컨과 양파를 먼저 볶다가 다른 채소들을 볶고, 밥과 케첩, 우스터소스를 넣어 볶음밥을 만든다.

3 | 달걀지단 부치기
분량의 달걀지단 재료를 잘 섞은 뒤 달군 팬에 넓게 둘러 약불에서 구워 아래 면이 익으면 볶음밥을 1인분씩 올려 감싸준다.

4 | 크림소스 만들기
달군 팬에 기름을 살짝 두르고 다진 마늘과 양파를 볶다가 흐물흐물해지면 청양고추, 우유와 생크림을 넣어 끓인다. 불을 줄이고 달걀을 풀어 저어가며 넣어 크림소스의 농도를 걸쭉하게 한다. 간은 소금으로 한다.

5 | 담기
접시에 오므라이스를 담아 위에 크림소스를 끼얹고, 발사믹크림소스를 뿌린 다음 어린잎채소를 올려준다.

Hamburger Steak&Mushroom Sauce
함박스테이크와 버섯소스

고기를 좋아하는 딸들이 열광하는 메뉴, 함박스테이크! 두툼한 함박스테이크에 버섯 듬뿍 넣은 소스를 뿌려 담고, 볶은 숙주까지 한 그릇에 담아주면 전문점 못지않은 비주얼에 맛도 좋답니다. 달걀프라이까지 얹어주면 노란 달걀 프라이가 시선을 확 잡아 아이들이 좋아할 수밖에 없겠죠?

Point_ 패티는 넉넉하게 만들어 냉동실에 넣어두면 아이들이 갑자기 친구를 데리고 들이닥쳐도 문제 없어요.

재료(3~4인분)

햄버거 패티 : 4~6개

쇠고기 다짐육 400g
양파 1/2개
빵가루 2/3컵
달걀 1개
소금·후춧가루 1/4작은술씩
식용유 적당량

버섯소스

애느타리버섯 1팩
케첩 8큰술
우스터소스 5큰술
버터 3큰술
밀가루 2큰술
물 1/2컵

곁들임

숙주볶음 : 숙주 적당량
소금·후춧가루 약간씩
달걀프라이

1 | 햄버거 패티 만들기

- 양파는 잘게 다진 후, 달군 팬에 볶아 수분을 날려준다.
- 쇠고기 다짐육 + 볶은 양파 + 빵가루, 달걀, 소금, 후춧가루 : 충분히 치대어 반죽한다.
- 패티 만들기 : 손에 식용유를 바르고 4~6등분한 고기 반죽을 동글납작하게 빚어 패티를 만든다.

Tip_ 패티를 구울 때 가운데가 두꺼워지니까 가운데를 눌러 약간 납작하게 만들어요.

2 | 재료 손질하기

애느타리버섯은 가늘게 뜯고, 숙주는 깨끗이 씻어 물기를 뺀다.

3 | 버섯소스 만들기

분량의 버섯소스 양념들을 넣고 저어가며 끓여 가늘게 뜯은 애느타리버섯을 넣고 한 번 더 끓인다.

4 | 숙주 볶기

달군 팬에 숙주를 넣고 살짝 볶아둔다.

5 | 패티 굽기

충분히 달군 팬에 기름을 두르고, 센 불에서 표면을 먼저 익혀 육즙이 빠지지 않게 해준 다음 중간불로 줄여 속까지 익힌다. 달걀프라이도 준비한다.

Tip_ 두툼한 패티의 경우 그릇이나 뚜껑을 덮어 속까지 익혀주세요.

6 | 담기

함박스테이크와 버섯소스, 볶은 숙주를 담는다. 여기에 밥을 곁들이고, 달걀프라이도 하나 올려주면 완성.

별미
수제비

제가 어릴 적 외할머니 댁에 가면 할머니께서는 수제비를 많이 끓여주셨어요.
이때 반죽을 함께 만들도록 미션을 주셨는데, 채소를 이용해 여러 가지 색으로 반죽하고 모양을 만들어
뜯어 넣는 재미가 있었지요. 먹을 땐 내가 만든 모양을 찾느라 더 열심히 먹었던 기억이 새삼스럽네요.
밀가루, 물, 소금, 식용유. 이 네 가지를 넣어 반죽해서 1시간 정도 냉장고에 넣어두면
쫄깃쫄깃 맛있는 수제비 반죽이 완성된답니다.
멸치 육수에 감자와 청양고추 넣어 깔끔하게 끓여도 맛있고, 김치에 콩나물 넣어
칼칼하게 끓여도 맛있고, 들깨 가루 듬뿍 넣어 구수하게 끓여도 좋아요.
쫄깃한 수제비로 가족들에게 특별한 한 끼를 준비해주세요.
엄마가 반죽한 수제비는 입맛 없는 여름철에는 별미 메뉴가 되기도 하고,
추운 계절에는 아이들의 속을 따끈하게 데워주지요. 비 오는 날에는 또 얼마나 잘 어울리는지.
저의 어릴 적 추억처럼 아이들에게도 엄마의 음식이 좋은 추억이 되길 바란답니다.
입맛에 따라 개운하게, 매콤하게, 구수하게 다양하게 만들어주세요.

Sujebi Dough
수제비 반죽

재료(4인분)

밀가루 3컵
물 1컵
소금 ·
식용유 1/2큰술씩

+더 쫄깃하고 맛있는 수제비 반죽 만들기

- 밀가루는 중력분, 강력분, 통밀가루, 다 좋아요. 대신 물의 양은 달라진답니다.
  중력분 기준 밀가루 3컵, 물 1컵이고 강력분이나 통밀가루는 물을 조금 더 넣어야 할 수도 있어요.
  반죽을 만들어 냉장고에 1시간 정도 넣어두면 더 쫄깃쫄깃해져 맛있지요.
- 냉장고에 넣어두면 반죽의 농도도 살짝 질어진답니다.
  이틀 정도는 냉장고에 넣어두었다 사용해도 좋아요.
- 더 쫄깃한 반죽을 원하시면 중력분보다 글루텐이 많이 생기는 강력분 추천. 반죽할 때는 찬물을 넣으세요.

밀가루에 소금과 식용유를 넣고 물을 넣어가며 충분히 반죽한다. 반죽은 비닐 랩에 싸서 냉장고에서 1시간 이상 둔다.

Potato Sujebi
감자수제비

친구와 장보는 이야기로 수다를 떨다가, 친구가 자기는 '소작농의 장바구니'인데 왜 이렇게 물가가 비싸냐며 한탄을 하는 거예요. 소작농의 장바구니가 뭐냐고 물었더니, 영양가는 많으나 가격이 저렴한 것들, 예를 들어 달걀, 감자 등이 든 장바구니라네요. 근데 전 왠지 신선한 것들이 많이 들어 있을 것 같은 그림이 그려지더라고요. 감자수제비는 이런 소작농의 장바구니로 푸짐하게 만들어 먹는 추억의 음식이랍니다. 아이들과 함께 엄마의 추억 속으로 떠나보세요.

재료(2인분)

수제비 반죽 2인분(p.249 참조)
멸치 육수 5컵
감자 1개
호박 1/8개
청양고추 2개
대파 1/2대
다진 마늘 · 국간장 1큰술씩
소금 약간

1 | 재료 준비하기
감자는 납작하게, 청양고추는 어슷하게, 대파는 송송, 호박은 채 썬다.

2 | 멸치 육수 + 감자
멸치 육수에 감자를 넣고 먼저 끓인다.

3 | 2 + 수제비 반죽, 호박, 청양고추
육수가 끓으면 수제비 반죽을 얇게 펴서 뜯어 넣고, 호박과 청양고추도 넣어 끓인다.

4 | 3 + 다진 마늘, 국간장, 대파
다진 마늘과 국간장을 넣어 간하고 부족한 간은 소금을 넣어 맞춘 다음 대파를 넣는다.

Kimchi Sujebi

김치수제비

김치를 매년 친정 엄마가 해주셨어요. 전 늘 당연하게 받아서 먹었고요. 몇 년 전부터는 엄마에게 김치를 배워서 담기 시작했는데 정말 손이 많이 가더라고요. 이렇게 정성이 많이 들어가는 김치를 엄마께 얻어만 먹었던 게 죄송스러웠답니다. 언제나 당연하게 식탁 위에 있는 김치가 어쩌면, 엄마의 존재 같다는 생각이 들었어요. 특히 김치수제비는 화려하지 않고, 소박한 게 언제나 어디서든 먹을 수 있어 더욱 엄마를 생각나게 하네요.

재료(2인분)
수제비 반죽 2인분(p.249 참조)
멸치 육수 5컵 반
콩나물 ·
애느타리버섯 1줌 가득씩
대파 1/2대
김치 1/2공기
매운 양념 1/2큰술

매운 양념
고추장 4큰술
고춧가루 · 다진 마늘 ·
맛술 · 국간장 ·
멸치액젓 2큰술씩
다진 생강 ·
혼다시 1작은술씩

1 | 매운 양념 만들기
매운 양념 재료를 모두 넣어 섞는다.
Tip_3일 정도 숙성시키면 더 맛있어요. 다양한 매운 국물요리에 양념으로 사용하시면 좋아요. 혼다시는 생략 가능!

2 | 재료 준비하기
김치는 가위로 작게 자르고, 애느타리버섯은 가늘게 뜯는다. 대파는 송송 썰고, 콩나물은 씻어서 준비한다.

3 | 멸치 육수 + 김치
멸치 육수에 김치를 넣어 먼저 끓인다.

4 | 3 + 수제비 반죽, 애느타리버섯, 콩나물
육수가 끓으면 수제비 반죽을 뜯어 넣고, 애느타리버섯과 콩나물을 넣어 끓인다.

5 | 4 + 매운 양념, 대파
수제비가 익으면 매운 양념으로 간하고, 대파를 넣어준다.

+ 남은 콩나물 보관법
찬물에 담가 냉장고에 넣어두고 중간에 물을 갈아주면 일주일 이상 싱싱하게 보관할 수 있어요.

Perilla Seed Sujebi
들깨수제비

들깨는 오메가3가 풍부해서 성장기 아이들에게는 물론, 치매, 심장병에도 좋고 특히 피부를 맑고 깨끗하게 해준다고 해요. 우리 아이들 피부를 위해, 또 엄마 피부를 위해 들깨수제비에 들깨를 듬뿍 넣어주세요.

재료(2인분)

수제비 반죽 2인분(p.249 참조) 들깨 가루 6큰술
멸치 육수 6컵 찹쌀 가루 1큰술
자른 미역 1큰술 다진 마늘·
애느타리버섯 1줌 국간장 1/2큰술씩
대파 1/2대
마른 홍고추 1~2개

1 | 재료 준비하기
마른 미역은 물에 불리고, 애느타리버섯은 가늘게 뜯어준다. 대파는 송송, 마른 홍고추는 어슷하게 가위로 자른다.

2 | 멸치 육수 + 수제비 반죽, 마른 홍고추, 불린 미역, 애느타리 버섯
멸치 육수가 끓으면 수제비 반죽과 재료들을 모두 넣어 끓인다.

3 | 2 + 들깨 가루, 찹쌀 가루
수제비가 익으면 들깨 가루와 찹쌀 가루를 덩어리 지지 않게 저어가며 넣는다.
Tip_찹쌀 가루를 넣어주면 국물이 더 진득해져요. 없으면 생략!

4 | 3 + 다진 마늘, 국간장, 대파
다진 마늘과 국간장으로 간하고 대파를 넣어준다.

Cream Sauce Mussel Sujebi
크림소스홍합수제비

찬바람이 불면 홍합이 제철이라 저렴하게 구입할 수 있어요. 저는 이때 홍합을 넉넉하게 구입해서 홍합 육수를 만들어 소분해서 냉동실에 보관해두고 국물요리에 활용한답니다. 홍합 육수를 끓이면 꼭 만들어 먹는 음식이 있는데요, 바로 크림소스홍합수제비랍니다. 크림소스의 고소함과 홍합 육수의 시원함이 절묘하게 어울리는 수제비지요. 향긋한 깻잎까지 올려주면 맛도 비주얼도 레스토랑 부럽지 않아 아이들도 잘 먹는답니다.

재료(2인분)

수제비 반죽 2인분
(p.249 참조)
홍합 육수 2컵
크림파스타소스 300g
양파 1/2개
마른 홍고추 2개
깻잎 10장
다진 마늘 1큰술
스파게티시즈닝 약간
(생략 가능)

1 | 재료 준비
양파는 다지고, 마른 홍고추는 어슷하게 썬다. 깻잎은 돌돌 말아 가늘게 채 썬다.
Tip_ 마른 홍고추 대신 청양고추를 넣어도 좋아요.

2 | 재료 볶기
달군 팬에 기름을 두르고, 양파와 다진 마늘, 마른 홍고추를 볶는다.

3 | 2 + 홍합 육수, 크림파스타소스
2에 홍합 육수와 크림파스타소스를 넣어 끓인다.

4 | 3 + 수제비 반죽
3이 끓으면 수제비 반죽을 뜯어 넣고, 스파게티시즈닝을 약간 넣어준다.

5 | 담기
그릇에 수제비를 담고 위에 채 썬 깻잎을 올려주면 완성.

+홍합 육수
홍합을 깨끗이 손질한 다음 홍합에 물을 자작하게 넣고 끓여 홍합이 입을 벌리면 위에 거품을 걷어내고 홍합살을 분리한 다음 육수와 함께 먹을 만큼씩 소분해서 냉동실에 보관한다.
Tip_ 몇 개는 껍질째로 보관했다가 쓰면 요리가 더 품난답니다.

+크림파스타소스가 남았다면?
옥수수피자(p.266 참조)를 만들어보세요.

Stir Bacon&Fry Bean Sprouts
베이컨숙주볶음

건강식만 고집하시는 친정 엄마와 그 딸이 커서 외국여행을 하게 됐대요. 당연히 햄 등 가공식품을 못 먹게 하시던 그 어머니께서 바삭한 베이컨은 너무 열심히 드시더래요. 입맛 까다로운 할머니의 입맛도 사로잡은 베이컨… 그만큼 베이컨은 매력 있다는 거죠.

아삭아삭 식감이 좋은 숙주와 특유의 풍미가 있는 베이컨의 만남은 딸들에게는 밥반찬으로, 남편에게는 술안주로 사랑받는 메뉴랍니다. 쌀국수에 익숙해서인지 숙주는 딸들도 잘 먹는 채소거든요. 숨기고 다져서 채소를 먹이는 데도 한계가 있다보니 좋아하는 채소들은 다양한 방법으로 먹이려고 노력하지요.

재료

베이컨 100g
숙주 3줌 가득(250g)
청양고추 1/2개
대파 1/2대

볶음소스

간장 · 맛술 1큰술씩
굴소스 · 다진 마늘 · 올리고당 1/2큰술씩

1 | 재료 준비하기
청양고추는 다지고, 대파는 송송 썬다. 베이컨은 한입 크기로 썬다.

2 | 볶음소스 만들기
분량의 볶음소스 재료를 만든다.

3 | 베이컨, 청양고추, 대파 볶기
기름을 살짝 두르고 베이컨을 볶다가 한 장씩 떨어지면 청양고추와 대파를 넣어 볶는다.

4 | 3 + 볶음소스, 숙주
볶음소스를 넣어 볶고 불을 끈 다음 잔열로 숙주를 볶아준다.

Tomato Salad
토마토샐러드

울퉁불퉁 멋진 몸매에 비타민과 무기질이 가득 든 토마토는 영양가는 충분하고 칼로리는 낮아서 다이어트에도 참 좋은 채소예요. 그냥 먹어도 굽거나 볶아 먹어도 주스로 만들어도 맛있지요. 고기와 함께 샐러드로 먹으면 느끼한 맛도 잡고 새콤달콤하게 즐길 수 있답니다. 영양 가득한 토마토샐러드로 아이들의 건강을 챙겨주세요.

재료(2인분)
샤브샤브용 쇠고기 300g
＋데칠 물에 청주 2큰술
토마토 2개
양파 1개
꽈리고추 또는 오이고추 10개

샐러드소스
식초 7큰술
간장 6큰술
포도씨유 5큰술
다진 마늘 2큰술
설탕 1작은술
후춧가루 약간

1 | 재료 준비하기
토마토는 0.5cm 두께로, 꽈리고추 또는 오이고추는 어슷하게 썬다. 양파는 채 썰어 찬물에 담가 아린 맛을 제거한다.

2 | 소스 만들기
분량의 양념을 섞어 소스를 만든다.

3 | 쇠고기 데치기
청주 2큰술을 넣은 물에 샤브샤브용 쇠고기를 살짝 데쳐준다.
Tip_파, 생강, 마늘 등 다양한 향신 채소들을 넣어도 좋아요.

4 | 담기
토마토를 그릇에 둘러 담고, 안쪽으로 물기 뺀 양파를 담는다. 그 위에 꽈리고추와 데친 쇠고기를 올리고 먹기 직전에 샐러드소스를 뿌려 낸다.

든든한 간식으로
혹은 가벼운 식사로

우리 엄마들이 어릴 때만 해도 퇴근하시는 아빠 손에 들려 있는 식어버린 통닭에도 감동하고, 케이크 먹을 생각에 생일과 크리스마스를 손꼽아 기다렸지요. 하지만 요즘은 전화 한 통이면 피자와 치킨이 배달되고, 건물마다 분식집과 빵집들이 넘쳐나다보니 아이들도 감동이 덜하겠지요.

그래도 엄마가 만들어주는 소박한 피자, 뜨끈뜨끈한 치킨과 떡볶이, 어설픈 솜씨로 만든 쿠키와 케이크가 더 맛있는 건 엄마의 정성과 사랑이 들어가서지요. 그래서 오늘도 편한 전화 한 통화보다 손은 좀 가지만 아이들을 위한 간식을 만들고, 가끔 달콤한 디저트도 만들게 되나봐요.

여기서 소개하는 메뉴들은 아이들이 좀 가볍게 먹고 싶어할 때나 학원가기 전 간단한 간식으로, 엄마도 간편하게 한 끼를 먹고 싶을 때 좋은 것들입니다.

기름은 줄이고, 조미료는 빼서 더 건강하게…
설탕은 줄이고, 좋은 재료들로 더 맛있게…
엄마의 사랑과 정성을 버무려 엄마표 간식들을 만들어보세요.

도시락 보험

초록이 시작되는 4월과 5월. 덥지도 춥지도 않고, 모기도 없어서 야외로 소풍 가기 딱 좋은 때는 일 년 중 단 몇 주뿐이죠. 어린 딸들과 매주 먼 곳으로 놀러다닐 수도 없고, 집에만 있자니 따사로운 날씨가 아까워서 시작되었던 공원 소풍.

처음에는 김밥, 과자, 음료수를 사서 먹었는데, 나중에는 집에서 도시락 싸가는 큰 일거리가 되었지요. 집에 있던 돼지불고기 볶고, 달걀말이 하고, 상추 씻어서 갔더니 도시락이 그냥 냉장고 뒤져서 나오는 것들로 싸면 되는 줄 아는 우리 남편, 다음에도 집에 있는 반찬 싸서 편하게(?) 가자는 거예요. 그때만 해도 저에게 달걀말이도 엄청난 요리였는데 말이에요.

그래도 음식 사는 돈이 절약되고, 나 하나 힘들면 딸들도 평소 안 먹던 반찬들까지 잘 먹으니까 일 년에 10번 살신성인의 마음으로 하자며 만들기 시작한 도시락이 그 후로도 몇 년간 계속되었어요. 저에게는 아침 일찍부터 준비해야 하는 고된 기억, 남편과 아이들에게는 즐거웠던 좋은 추억. 그때는 힘들어서 그만하고 싶었는데, 이제 아이들이 커서 가까운 나들이도 함께 가기 힘들어졌어요. 지금 돌아보면 엄마가 너희 어렸을 때 정성스럽게 도시락 싸서 공원 소풍 많이 데리고 다녔다고 큰소리 칠 만한 거리가 있어, 보험 하나 든 기분이에요.

피자전문점보다 맛있는
토르티야로 만든 피자

아이들은 피자를 참 좋아해요. 그렇다고 시판 피자를 자주 사먹이기는 꺼림칙하고요.
한때 피자헛만이 피자인줄 알고 살던 시절이 있었죠. 그 후 새로운 피자집들 전화번호를 냉장고에
덕지덕지 붙였고요. 아이들이 좋아하지만 자주 사먹이고 싶지는 않은 부담스럽던 시기에
만난 토르티야 피자! 마트에서 손쉽게 구입할 수 있는 토르티야로 피자 반죽을 하지 않고
간단하게 맛있는 피자를 만들 수 있어요. 예전에는 큰 마트에서나 구입할 수 있었는데
요즘은 냉동뿐 아니라 냉장식품으로 쉽게 구입할 수 있어서 좋더라고요. 토르티야 위에
다양한 재료들을 올려 집에서도 전문점 못지 않은 맛있는 피자들을 만들 수 있답니다.
오븐이 없다면 팬에 뚜껑을 덮고 구워 치즈를 녹여주세요.

Corn Pizza
옥수수피자

토르티야 덕분에 집에서도 간단히 피자를 만들 수 있게 되었지요. 피자 소스도 집에서 만들면 좋겠지만 시판 소스와 냉장고 속 재료들을 잘 활용하면 다양한 피자를 아이들에게 만들어줄 수 있어요. 옥수수피자는 시판 크림파스타소스와 옥수수 통조림으로 간단하게 만드는 피자예요. 크림스파게티 해 먹고 소스가 조금 남았을 때 만들어 먹기 좋지요.

Point_ 마지막에 뿌리는 꿀은 옥수수피자의 신의 한수랍니다.

재료(1판)

토르티야 (8인치) 2장
통조림 옥수수 2큰술
베이컨 2줄
모차렐라치즈 1줌
꿀 약간

크림소스

시판 크림파스타소스 1.5큰술
다진 마늘 1작은술
다진 청양고추 1/2개 분량

1 | 재료 준비하기
- 베이컨은 1cm 두께로 자르고 옥수수는 물기를 제거한다.
- 분량의 재료를 섞어 크림소스를 만든다.

2 | 피자 만들기

2장의 토르티야 사이에 모차렐라치즈를 조금 넣어 겹치고, 그 위에 크림소스를 펴 바른다. 베이컨과 옥수수를 올린 다음 모차렐라치즈를 뿌린다.

3 | 굽기

200°C로 예열한 오븐에서 10분 정도 구워준다.
Tip_ 팬에 구울 경우에는 베이컨은 따로 구워서 올려주세요.

4 | 꿀 뿌리기

구운 피자 위에 꿀을 뿌려준다.

Sweet Potato Pizza
고구마피자

고구마 하면 찐 고구마나 군고구마에 김치 얹어 제대로 먹어야 할 거 같은 생각이 마구 들죠. 조금 더 생각하면 고구마맛탕 정도? 그러나 요즘 아이들은 고구마피자를 좋아하더라고요. 소개해드리는 고구마피자는 고구마를 찌거나 구워 고구마무스를 만들어 펴 바른 다음 어린잎채소를 듬뿍 올려 건강하면서 맛도 모양도 예쁜 피자랍니다. 고구마 대신 단호박으로 만들어도 좋아요.

재료(1판)
토르티야(8인치) 2장
고구마 중간 크기 2개+
버터 1큰술
모차렐라치즈 적당량

토핑
발사믹크림소스 약간
어린잎채소 적당량
아몬드슬라이스 약간

1 | 고구마무스 만들기
찌거나 구운 고구마는 껍질을 벗겨 뜨거울 때 버터를 넣어 부드럽게 으깬다.
Tpi_ 단맛이 부족하면 꿀을, 너무 뻑뻑하면 우유를 넣어주세요.

2. 피자 만들기
2장의 토르티야 사이에 모차렐라치즈를 조금 넣어 겹치고, 그 위에 고구마무스를 펴 바른 다음 모차렐라치즈를 올린다.

3 | 굽기
200℃로 예열한 오븐에서 10~15분간 노릇하게 굽는다.

4 | 토핑 올리기
구운 피자 위에 발사믹크림소스를 지그재그로 뿌려준 다음 어린잎채소와 아몬드슬라이스를 올려준다.
Tip_ 좋아하는 견과류를 올려도 좋아요.

Steak Pizza
스테이크피자

자주 해 먹기엔 부담스럽지만, 고기를 좋아하고 피자를 좋아하는 아이들에게 간식이나 한 끼를 대신할 만한 좋은 음식이랍니다. 고기뿐만 아니라 채소도 듬뿍 먹일 수 있고, 토르티야를 이용해서 만들기 때문에 몸도 마음도 가벼워요.

재료(1판)
토르티야(8인치) 2장
모차렐라치즈 적당량

마늘 기름
올리브유 1큰술 + 다진 마늘 1/2큰술

토핑
구이용 쇠고기 120g + 소금·후춧가루 약간씩
식용유 1/2큰술
어린잎채소 적당량
발사믹크림소스 약간

1 | 고기 밑간
쇠고기에 소금과 후춧가루를 뿌려 밑간하고, 식용유로 비벼 마사지 해준다.

2 | 마늘 기름 만들기
분량의 재료를 잘 섞는다.

3 | 피자 만들기
토르티야 2장 사이에 모차렐라치즈를 조금 넣어 겹치고 그 위에 마늘 기름을 바르고 모차렐라치즈를 올려준다.

4 | 피자 굽기
200℃로 예열한 오븐에서 10분간 굽는다.

5 | 고기 굽기
오븐에 피자를 굽는 동안 팬에 쇠고기를 육즙이 빠지지 않도록 구운 다음 먹기 좋게 썬다.
Tip_쇠고기를 구운 다음 잠깐 식었다 썰어주세요. 바로 썰면 속에 있는 육즙이 밖으로 다 빠져 나온답니다.

6 | 토핑 올리기
구운 피자 위에 어린잎채소와 구운 쇠고기를 올리고 발사믹크림소스를 뿌린다.

나! 울 엄마
김밥 먹고 자란 여자야

신혼 시절, 자주 사 먹던 일식집 김밥이 참 맛있었어요. 딱히 어려워 보이지도 않아서 직접 남편에게 만들어주고 싶었지요.

"내가 맛있는 김밥 싸줄게! 나, 울 엄마가 싼 김밥 먹고 자란 여자야. 어제 갔던 그 일식집 김밥 금방 해줄게!"

호기롭게 말하긴 했지만 밥도 제대로 못하면서 샐러드김밥을 싸겠다니……. 하지만 이날을 위해서 나름대로 주방장님이 김밥 마는 걸 몇 번이나 유심히 보고 왔답니다. 한마디로 자신감 폭발!

그런데 눈으로는 그렇게 쉬워 보이던 김밥 만들기가 어찌나 맘대로 안 되던지. 거짓말 조금 보태 김밥은 팔뚝만 하고, 옆구리는 다 터지고, 부엌은 아수라장. 고군분투하던 제가 안돼 보였던지, 요리 실력은 저와 비슷하지만 그나마 손재주 있는 남편이 그럭저럭 마무리해 주었어요.

또 한번은 큰아이가 유치원에서 처음으로 소풍 가는 날이었어요. 평생 기억에 남을 도시락을 싸주고 싶었지만 현실은 김밥도 제대로 못 싸는 엄마였어요. 며칠 전부터 계속 걱정을 하는 제가 안쓰러웠던지 친정 엄마께서 김밥을 싸주신 덕에 첫 도시락은 무사히 통과! 그런데 김밥 못 싸는 저를 위해서인지 불행 중 다행으로 아이들이 김밥을 별로 좋아하지 않네요. 그래서 우리 집 도시락 메뉴는 오므라이스, 밥에 낙지볶음, 혹은 주먹밥이랍니다. 아직도 김밥 만들 때면 예전의 팔뚝만 했던 김밥 생각에 소심해집니다.

배달 치킨보다 맛있는
엄마의 치킨 레시피

세상에서 치킨 레시피가 가장 많은 나라가 우리나라라고 합니다. 한 건물에도 치킨 집이 몇 개씩 있다보니 레시피도 그만큼 많겠죠. 외국에 사는 친구가 제일 그리워하는 그야말로 대한민국의 치킨 문화! 우리 어릴 적에 아빠가 퇴근하시는 길에 사오시는 통닭에는 예기치 못한 기쁨과 특별함이 있었잖아요.
요즘엔 전화 한 통이면 30분도 안돼 집으로 배달되어 오니 참 편하긴 해요. 배달 치킨이 맛도 있어 보이고 빨라 편리하지만 사실 어떤 기름을 사용하는지도 모르고 소스나 양념도 너무 자극적이잖아요. 배달 치킨보다 맛있는 엄마의 치킨 레시피로 길었던 하루를 보낸 아이들에게 여러 가지 기쁨이 있는 특별한 날을 만들어주세요.

Soy Sauce Chicken
간장치킨

매콤함을 더한 간장소스가 매력적인 치킨 레시피예요. 딸들도 정말 맛있다며 쪽쪽! 먹는 순간만큼은 먹는 소리 외에는 조용하게 만드는 맛있는 양념이랍니다. 기름에 튀기지 않고 오븐이나 에어프라이어로 구워주면 기름이 쏙 빠져 담백하지요.

Point_ 청양고추와 풋고추로 칼칼함을 더해 밥반찬으로 먹기도 좋아요.

재료
닭볶음탕용 닭 1마리(1kg)
케이준스파이스 1큰술
감자전분 3큰술
(실온에 꺼내둔 달걀)

간장소스
다진 청양고추 ·
다진 풋고추 1개 분량씩
간장 · 물 2큰술씩
설탕 · 다진 마늘 · 맛술 1큰술씩
후춧가루 약간

1 | 닭 밑간하기
닭에 케이준스파이스를 넣어 밑간해서 10분 정도 둔다.
Tip_닭을 비닐에 넣어 밑간해주면 편해요.

2 | 닭에 전분 입히기
밑간한 닭에 감자전분을 1큰술씩 넣어가며 비닐을 흔들어 전분을 입힌다.
Tip_닭을 큰 비닐에 넣어 흔들어야 전분이 잘 묻는답니다.

3 | 닭 굽기
에어프라이어로 180°C로 20~25분, 200°C로 예열한 오븐에서는 35~40분 구워준다.
Tip_중간에 한 번 뒤집어 골고루 익혀주세요.
Tip_달걀은 쿠킹호일로 싸서 닭과 같이 넣어 에어프라이어에서는 15분 후, 오븐에서는 25분 후에 닭을 뒤집을 때 먼저 꺼내세요.

4 | 간장소스 만들기
분량의 양념을 넣어 약불에서 끓여 간장소스를 만든다.

5 | 4 + 닭
간장소스가 바글바글 끓으면 튀기거나 구운 닭을 넣어 양념이 고루 배도록 버무려준다.

+케이준스파이스

케이준스파이스는 매콤한 맛의 향신료로 식재료 전문 마트나 백화점 향신료 코너에서 구입할 수 있어요. 집에 없을 때는 고춧가루와 핫칠리소스 1/2큰술씩으로 대체 가능해요.

+케이준스파이스 소시지채소볶음

삶은 감자, 소시지, 껍질콩을 기름에 볶다가 케이준스파이스를 넣고 볶아요.

Hot Fried Chicken Drumsticks
핫봉

아이들의 생일파티에 한동안 빠지지 않았던 닭봉구이… 도시락에도 예쁘게 넣어준 기억이 나네요. 핫칠리소스로 양념해서 매콤하지만 버터 덕분에 부드러운 매운맛이랍니다. 만드는 법은 간단하지만 어디서도 사 먹을 수 없는 맛있는 닭요리예요.

재료

닭봉 10개
밀가루 1/3컵
핫칠리소스 1/2컵 + 버터 1큰술
(버터는 실온에 꺼내둔다)
쪽파 3대

밑간

마늘가루 1/2작은술
소금·후춧가루 1/4작은술씩

1 | 닭봉 밑간하기
손질한 닭봉에 분량의 밑간 양념을 넣고 조물조물 무친다.

2 | 닭봉에 밀가루 묻히기
비닐 팩에 닭봉을 담고 밀가루를 넣어 여러 번 흔들어준다.

3 | 버터 + 핫칠리소스
버터에 핫칠리소스를 잘 섞어준다.
Tip_미리 실온에 꺼내놓지 못했다면 전자레인지에 30초 정도 돌려 녹인다.

4 | 닭봉 + 3
닭봉에 핫칠리소스를 넣어 조물조물 무친다.

5 | 오븐에 굽기
220℃로 예열한 오븐에서 25~30분 굽는다. 15분 후 한 번 뒤집어준다.
Tip_오븐 온도와 시간은 적절히 조절하세요.

6 | 담기
그릇에 핫봉을 담고 그 위에 송송 썬 쪽파를 올린다.

Sweet and Fried Chicken
닭강정

닭강정은 달콤한 맛에 아이들이 좋아하지요. 먹기도 편하고요. 시중에 파는 닭강정은 어떤 기름에 튀겼는지도 알 수 없고 닭강정소스도 달고 자극적이잖아요. 집에서 좋은 기름에 튀기고 소스도 덜 달게, 건강한 재료인 연근과 견과류, 쫄깃한 떡도 넣어 푸짐하게 만들어보세요. 아이들이 "엄마, 사 먹는 것보다 더 맛있어요" 라고 칭찬한답니다.

재료

닭 안심 500g
연근·떡볶이 떡 1줌씩
튀김 가루 적당량
견과류 부순 것 2큰술
소금·후춧가루 약간씩

튀김옷

튀김 가루 1컵 + 물 1/2컵 +
식용유 1/2큰술

닭강정소스

간장 3큰술
물엿 4큰술
마요네즈·맛술·설탕 2큰술씩
다진 마늘 1큰술
굴소스 1/2큰술

1 | 재료 준비하기
연근과 닭 안심은 먹기 좋게 한입 크기로 썰어 소금과 후춧가루로 밑간하고, 떡은 부드러운 상태로 준비한다.

2 | 닭 + 튀김 가루/ 연근, 떡 + 튀김 가루
닭은 비닐 팩에 담아 튀김 가루를 넣고 흔들어 고루 묻힌다.
연근과 떡도 비닐 팩에 담아 튀김 가루를 넣고 흔들어 고루 묻힌다.

3 | 튀김옷 만들기
분량의 튀김 가루와 물, 식용유를 넣고 저어 뻑뻑한 튀김옷을 만든다.

4 | 닭 + 튀김옷
튀김 가루를 묻힌 닭에 튀김옷을 묻힌다.

5 | 튀기기
180℃ 정도 온도에서 먼저 연근과 떡볶이 떡을 튀기고 그 다음 닭 안심을 튀긴다.
Tip_ 떡을 오래 튀기면 터질 수 있어요. 잠깐만 튀겨주세요.
Tip_ 닭을 2번 튀기면 더 바삭해요.

6 | 닭강정소스 만들기
팬에 분량의 소스 재료를 넣고 끓인다.

7 | 닭강정소스에 닭 버무리기
소스가 바글바글 끓으면 튀긴 연근과 떡볶이 떡, 닭 안심을 넣고 버무려준다.
토핑으로 견과류 부순 것을 올려주면 완성.

Teriyaki Chicken
데리야끼치킨

닭다리살은 식감도 쫄깃하고 고소해서 제일 맛있는 부위지요. 다른 부위보다 빨리 익기도 해요. 이 요리는 닭다리살에 통마늘을 넣어 달콤한 데리야끼소스에 졸인 맛있는 치킨이랍니다. 마지막에 송송 썬 쪽파를 듬뿍 올려주면 달콤함에 산뜻함이 더해져 더 맛있어요. 데리야끼소스 만들기가 어렵냐고요? NO! 집에 있는 양념들로 간단하게 만드는 비법을 소개합니다.

재료(2인분)
닭다리살 350g + 다진 마늘 1큰술
마늘 15쪽
쪽파 3대
소금 · 후춧가루 약간씩

간단 데리야끼소스
간장 · 청주 4큰술씩
설탕 · 맛술 3큰술씩
물 1큰술

1 | 마늘 삶기
끓는 물에 통마늘을 넣고 10분 정도 삶는다.

2 | 재료 준비하기
쪽파는 송송 썰고, 닭다리살은 두꺼운 부분은 칼집을 넣어 펴준다. 닭다리살을 칼로 두드려 소금과 후춧가루, 다진 마늘로 조물조물 무친다.

3 | 굽기
달군 팬에 기름을 두르고 닭다리살의 껍질 부분부터 앞뒤로 70% 정도 익혀 키친타월에 올려 기름기를 빼준다.
Tip_ 다진 마늘이 타지 않도록 조심조심 구우세요.

4 | 데리야끼소스 만들기
닭을 구운 팬의 기름기를 닦아내고, 분량의 양념을 넣고 바글바글 끓인다.

5 | 4 + 구운 닭다리살, 삶은 통마늘
소스가 끓으면 약불로 줄이고 구운 닭다리살과 삶은 통마늘을 넣어 졸인다.

6 | 담기
닭다리살은 한입 크기로 썰어서 담고, 남은 소스를 끼얹은 다음 쪽파를 올려준다.

Essay

주방에서의
은퇴를 꿈꾸며

남편에게 항상 이야기해요. "난 언젠가 주방에서 은퇴할 거야!"라고. 주부는 정년이 없어서 아쉬워요. 그런 불평을 하다보면, 친정 엄마 생각이 나요.

저보다 몇 배는 힘드셨을 텐데, 저에게나 제 동생들 누구에게도 불평 한 번 하신 적 없으세요. 지금도 친정에 가면 항상 정성이 가득한 밥상을 차려주시지요. 엄마의 밥을 먹고 오면 뱃속 가득 따뜻하고 든든한 건 그 사랑과 정성 때문이겠죠. 사실 이제는 제가 차려드려야 하는데, 벌써부터 은퇴나 꿈꾸고……. 조만간 엄마에게 밥 한 끼 정성껏 차려드려야 할 것 같아요. 사랑하고 감사하다는 말도 전하고요.

그러고 나면, 은퇴를 꿈꿔도 될까요? 아직 아이들 뒷바라지를 해야 하니 갈 길이 머네요.

역시 최고의 간식은
떡볶이지~

초등학교 때 학교 앞 분식점의 걸쭉한 양념 속의 밀가루 떡볶이, 중학교 때 쫄면에 양배추가 든 즉석 쫄볶이, 고등학교 때 자율학습을 땡땡이 치고 사 먹었던 며느리도 양념의 비법을 모른다는 신당동 떡볶이까지… 돌이켜 생각해보면 떡볶이는 항상 함께 했던 간식이었어요. 어릴 땐 불량식품이라며 엄마가 사 먹지 말라던 그 떡볶이가 어찌나 맛있던지……. 지금은 프랜차이즈 분식점들도 많이 생기고 예전보다 깔끔한 집들도 많아졌지만 그래도 아이들에게는 엄마가 만들어준 홈메이드가 최고랍니다.

요즘은 정말 다양한 스타일의 떡볶이들이 나왔어요. 엽기적으로 매운맛의 떡볶이, 통 오징어 튀김이 빠져 있는 떡볶이, 콩나물을 넣은 떡볶이, 국물 자작한 떡볶이, 기름에 볶아낸 떡볶이… 떡볶이를 좋아하는 우리 집 아이들은 가끔 제게 귓속말로 "엄마 제가 친구 데려오면 떡볶이 만들어주세요"라고 말한답니다. 역시 엄마표가 최고인 거 맞지요?

Soup Rice Cake
국물떡볶이

예전에 먹던 떡볶이들은 국물이 걸쭉했었는데 요즘은 찌개처럼 국물이 자작한 떡볶이가 인기지요. 이것저것 다른 재료도 필요 없어요. 다시마 육수면 깔끔하고 맛있는 국물 맛을 낼 수 있거든요. 국물떡볶이를 위해서도 냉장고에 다시마 육수는 꼭 넣어두세요. 양파와 양배추를 넣어 단맛을 내고 설탕의 양은 줄여 조금 더 건강하게 만들어 맛있게 즐기세요.

재료(2~3인분)

떡볶이 떡 300g
사각 어묵 3장
양배추 1줌
양파 1/4개
대파 1/2대
다시마 육수 400ml

떡볶이 양념

설탕 1/2큰술
물엿 1큰술
고추장 1큰술
간장·맛술 1큰술씩
다진 마늘 1/2큰술
고춧가루 1큰술

1 | 재료 준비하기

다시마는 30분 이상 물에 담가 준비한다.
양배추와 사각 어묵은 먹기 좋게, 대파는 송송, 양파는 채 썬다.
Tip_ 다시마 육수는 끓일 필요 없어요. 물에 담가 냉장고에 넣어두고 필요한 만큼 쓴 다음 물을 채워 2~3번 더 쓰세요.

2 | 다시마 육수 + 양배추, 양파 + 떡볶이 떡

다시마 육수에 양파와 양배추를 먼저 넣고 끓이다가 떡볶이 떡을 넣어준다.

3 | 2 + 설탕, 물엿, 고추장 + 간장, 맛술

입자가 큰 설탕, 물엿, 고추장을 먼저 넣고, 입자가 작은 간장과 맛술은 나중에 넣어 간이 속까지 잘 배도록 한다.

4 | 3 + 다진 마늘, 사각 어묵, 대파

다진 마늘과 사각 어묵, 대파를 넣고 끓인다.

5 | 4 + 고춧가루

마지막으로 고춧가루를 넣어 한소끔 끓여 색을 낸다.

Black Soybean Sauce Rice Cake
짜장떡볶이

양념 맛의 비밀을 며느리도 모른다는 짜장떡볶이는 우리집 아이들이 제일 좋아하는 떡볶이랍니다. 딸들이 어릴 때도 가끔 떡볶이 골목을 찾곤 했는데 이제는 집에서 만들어 먹는 떡볶이가 되었지요. 짜장떡볶이의 양념 비법은 시판 짜장 가루와 마법의 라면 수프 한 스푼! 맵지 않은 짜장 양념에 라면 수프의 감칠맛이 더해져 집에서도 그 맛을 낼 수 있답니다.

재료(3~4인분)
떡볶이 떡 200g
사각 어묵 2장
양파 · 당근 1/4개씩
양배추 1줌
대파 1/2대
멸치 육수 600ml

양념장(2회 분량)
짜장 분말 ·
고추장 3큰술씩
고춧가루 1.5큰술
설탕 1/2큰술
다진 마늘 ·
맛술 · 물엿 1큰술씩
(라면 수프 1작은술)
※남은 양념장은 냉장고에 보관하세요.

사리
삶은 달걀 적당량(p.293 참조)
라면 1개

1

2

3-1

3-2

1 | 재료 준비하기
양파, 당근, 양배추는 채 썬다. 사각 어묵과 대파는 1cm 두께로 썬다.

2 | 짜장떡볶이 양념장 만들기
분량의 양념장을 잘 섞어둔다.

3 | 끓이기
재료를 넓찍한 팬에 둘러 담고, 멸치 육수를 부은 다음 양념장을 넣고 끓인다. 라면 사리는 육수가 끓으면 넣어준다.
Tip_ 사리를 넣는 경우에 멸치 육수는 넉넉하게 준비해주세요.

Oil Rice Cake
기름떡볶이

떡볶이로 유명한 집들은 할머님들이 원조인 경우가 많아요. 기름떡볶이도 통인시장에서 할머님이 운영하시는 허름한 집이 원조예요. 통인시장 가서 사 먹으면서 처음에는 뭐 이런 밋밋한 맛이 있나 했는데 손이 자꾸 가는 중독성 있는 맛이더라고요. 딸들에게도 맛 보여 주고 싶어서 집에서 만들어봤지요! 딸들도 먹으면서 "엄마 이거 은근 중독성 있어"라며 저와 같은 말을 하더라는……. 간단하지만 몇 가지 중요한 팁들이 있어요. 이 팁들을 잘 지키면 맛있는 기름떡볶이를 만들 수 있답니다.

+기름떡볶이를 만드는 중요한 팁!
- 떡은 말랑말랑한 상태의 것을 사용하세요. 냉장고에서 딱딱해졌다면 뜨거운 물에 데쳐서 말랑말랑한 상태로 양념해야 해요. 뜨거운 떡이 양념이 제일 잘 된답니다!
- 향이 있는 올리브유는 피하세요.
- 양념이 탈 수 있기 때문에 불이 세면 안 돼요!
- 떡이 겹치지 않도록 한 번에 적은 양을 볶아주세요!

재료(2인분)

쌀 떡볶이 떡 250g
(25개 정도)
간장 · 올리고당 1/2큰술씩
맛술 · 참기름 1/4큰술씩
고춧가루 1/2큰술
고추장 1작은술
식용유 1큰술

1 | 떡볶이 떡 + 간장, 올리고당, 맛술, 참기름
떡볶이 떡에 간장, 올리고당, 맛술, 참기름을 넣고 조물조물 무친다.

2 | 1 + 고춧가루, 고추장
2차로 고춧가루와 고추장으로 매콤하게 양념한다.

3 | 2 + 식용유
마지막으로 식용유를 넣어 조물조물 해둔다.

4 | 볶기
달군 팬에 식용유 1큰술 정도 두르고 중간불에서 떡을 계속 저어가며 볶는다.

Rice Cake Skewers
떡꼬치

재료(10개)

떡볶이 떡 30개

떡꼬치 양념

고추장 2큰술
물엿 1.5큰술
설탕 1큰술
물 1큰술
다진 마늘 1작은술
땅콩 가루 적당량

딸들이 초등학교 다닐 때 동네 작은 가게에서 떡꼬치를 팔았는데 제 입에도 참 맛있었어요. 한두 개 먹는 걸로는 감질나서 떡 한 팩 사다가 푸짐하게 만들어 먹었지요. 말랑말랑 맛있는 떡볶이 떡 사다가 기름에 바삭하게 튀겨 뜨거울 때 먹으면 얼마나 맛있던지. 사실 양념 묻히기 전 튀기면서 반은 집어 먹게 돼요. 떡꼬치를 먹을 때는 우리 세 모녀가 행복한 시간이랍니다. 떡을 꼬치에 끼우지 않고 낱개로 튀겨 버무려 먹으면 편해요.

1 | 떡 떼기

한 덩어리로 붙어 있는 떡의 경우 한 번에 3~4개씩 붙은 상태로 떼서 준비한다.

Tip_ 떡은 말랑말랑한 떡으로 준비하세요. 딱딱한 떡은 뜨거운 물에 데쳐서 물기를 제거해서 준비하세요.

2 | 튀기기

팬에 떡 높이의 1/3정도 되게 기름을 붓고 바삭하게 튀겨 키친타월에 올려 기름기를 빼준다.

Tip_ 떡이 완전히 잠기는 기름에서 튀길 경우 떡이 터질 수 있어요. 말랑말랑한 떡을 표면만 바삭하게 살짝 튀겨주세요.

3 | 양념 만들기

분량의 양념을 넣어 약불로 끓이고 마지막에 땅콩 가루를 넣어준다.

4 | 양념 바르기

튀긴 떡에 양념을 발라주면 완성.

엄마의 텃밭

엄마의 작은 텃밭에는 온갖 채소가 있어요. 정성껏 키워 겨울 찬바람 속에서도 살아남은 상추와 시금치, 농약 안치고 달팽이를 젓가락으로 잡아가며 키운 배추 등등. 사랑과 정성을 먹고 자라서인지 항상 싱싱하고 영양이 가득해 보여요.

그런 엄마와는 다르게, 선인장도 죽이는 마법의 손을 가진 저는 화분 하나 사는 것도 망설여지더라고요. 그래서 식물과는 서로 데면데면한 사이였다면, 요새는 썸(?)을 타는 사이가 된 것 같아요.

마당이 있어서 텃밭을 가꾸는 친구의 계절별 달라지는 불평—봄, 여름이면 잡초 뽑느라 힘들고, 가을이면 낙엽 줍느라 힘들다는 푸념—을 듣다보면 마당이고 텃밭이고 도저히 엄두도 나지 않아요. 그러다가도 가끔 엄마를 닮았으면 나에게도 숨겨진 재능이 있지 않을까 싶기도 하고요.

아직 이러지도, 저러지도 못하고 있지만 언젠가 저에게도 작은 텃밭을 책임질 수 있는 날이 올까요?

Egg Admiration
달걀 예찬

달걀은 단백질이 풍부하고, 비타민과 무기질 등이 풍부한 고마운 음식 중에 하나죠. 뭔가 허전한 식탁 위에 달걀찜이나 달걀말이 하나 올라가면 그럴 듯한 밥상이 되기도 하고, 든든한 간식을 만드는 데도 없어서는 안 될 효자 식재료지요. 달걀 하나면 국수가 가득 차 보이고, 가벼운 샌드위치나 김밥이 묵직해지고, 가끔은 음식을 센스 있게도 해주죠. 삶은 달걀 1개의 열량이 80Kcal인데 위에 머무는 시간은 3시간 이상이라 아침 메뉴로도 참 좋답니다.

달걀 예쁘게 삶는 방법

1 | 달걀이 잠길 정도의 물(4~5컵)에 소금과 식초를 1큰술씩 넣는다.
- 소금 : 삼투작용으로 달걀 속 막이 떨어지게 만들어 껍질이 잘 벗겨지게 해준다.
- 식초 : 달걀이 깨졌을 때 밖으로 터져 흘러나오지 않도록 단백질을 응고시켜준다.

Tip_ 달걀은 눈에 보이지 않지만 미세하게 금이 가 있는 경우가 많아서 소금과 식초를 넣어주면 예쁘게 삶을 수 있어요.

2 | 찬물에서부터 달걀을 넣고 물이 뜨거워지면 중간중간 젓는다. 끓기 시작하고 1분 정도까지 한쪽 방향으로 굴려준다.

Tip_ 노른자가 한쪽으로 치우치지 않게 해준답니다.

3 | 끓기 시작하면 4~7분 반숙, 7~10분 반숙에서 완숙 사이, 10~12분 완숙으로 익힌다.

Tip_ 시간은 물의 양, 불의 세기에 따라 차이가 있을 수 있어요.

4 | 흐르는 찬물에 2분 정도 식혀 껍질을 깐다.

달걀 껍질 까기

달걀과 껍질 사이에 숟가락을 넣어 돌려주면 껍질을 쉽게 깔 수 있어요.

달걀 자르기

달걀의 단면을 매끈하게 자르고 싶다면 칼에 기름을 발라 잘라주세요.

Deviled Egg
데빌드에그

무엇에 쓰는 그릇일까? 외국에 사는 친구가 보내준 데빌드에그 접시랍니다. 캐나다에서는 부활절에 많이 사용하는 접시라고 해요. 홈이 파져 있어서 달걀이 쏙 들어가는 특이한 디자인인데 그녀의 사진 속에 있는 그 접시가 제 눈에 쏙 들어온 거예요. 그 이후로 매일 그 접시를 탐냈어요. 어느 날 그녀가 앤틱마켓에서 찾아 보내준 데빌드에그 접시… 고마워 친구!

재료
달걀 6개
베이컨 3줄
쪽파 3대

소스
마요네즈 3큰술
허니머스터드소스 1/2큰술
식초 1작은술
핫칠리소스 1/2작은술

1 | 재료 준비하기
달걀은 완숙으로 삶고, 베이컨은 작게 썰어 팬에 굽고 키친타월에 올려 기름기를 뺀다. 쪽파는 가늘게 송송 썬다.

2 | 노른자와 흰자 분리하기
달걀을 길게 2등분해서 노른자와 흰자를 분리한다.

3 | 달걀무스 만들기
노른자에 구운 베이컨, 쪽파, 분량의 소스들을 넣고 노른자를 으깨가며 섞어준다.

4 | 달걀무스 채우기
흰자에 달걀무스를 소복하게 담는다.

초콜릿

저는 고등학교 시절, 입맛 없을 때면 초콜릿으로 끼니를 때우곤 했어요. 얼굴 크기 만한 초콜릿을 한 번에 다 먹는 모습을 봤던 친구들은 지금도 초콜릿을 보면 제 생각이 난다며 가끔 초콜릿 선물을 주기도 해요.

이 이야기를 작은딸에게 해주니, 어느 날부턴가 밖에서 초콜릿이 생기면 안 먹고 꼭 가지고 와서 주네요. 제 친구가 그걸 보더니 너무 부러워했어요. 자기도 먹고 싶었을 텐데 엄마 생각해서 꾹 참고 그 작은 손으로 건네준 초콜릿이니까요.

이런 맛에 자식 키우는 거죠!

물론, 아줌마가 된 지금은 초콜릿보다 당연히 밥이 우선이랍니다.

특별한 날
엄마의 쉬운 베이킹

유별난 저의 빵 사랑으로 결국 베이킹에 입문! 그러나 정확한 계량과 기다림의 미학으로
완성되는 빵과 케이크는 저에겐 너무 힘든 일이더라고요. 몇 번 하다가 맛있는 빵과 케이크는
파티쉐가 만든 걸로 맛있게 먹자 했답니다.

그 후 몇 개의 레시피들을 갖게 됐는데 파는 것보다 엄마가 만든 게 훨씬 맛있다는 딸들의
말에 홀딱 속아 딸들 생일이나 발렌타인데이, 크리스마스 등 특별한 날에는
이제 저도 케이크와 쿠키를 직접 만들게 되었어요.
아무리 맛있어도 복잡하면 패스, 구하기 힘든 재료도 패스!
초보자도 만들 수 있는 쉬운 베이킹 레시피 몇 가지 알려드릴게요.

Carrot Cup Cake
당근컵케이크

당근케이크가 유행하면서 빵을 사랑하는 저도 여기저기서 당근케이크를 먹어봤는데 제 입에 딱 맞는 집이 없었어요. 홈베이킹을 많이 하는 캐나다 사는 친구에게 물어봤죠. "당근케이크 레시피 없어? 달지 않은 걸로" 그렇게 해서 그녀의 친구 M의 레시피를 받았어요. 안 먹는 재료 몇 가지 빼고, 크림치즈 아이싱을 더해 내 입에 딱 맞는 당근케이크가 탄생되었답니다. 그 이후 M은 저를 캐롯 케이크라 부르고 저는 M을 당근케이크라고 부른답니다. 언젠가 만나 서로 인사할 수 있는 날이 오겠죠. 달지 않아 아이들은 물론 어른들도 좋아하세요. 아이들 생일 날에도 부모님께도 선물해보세요. 생일에게는 한 판으로, 평소에는 먹기 편하게 컵케이크로!

재료(12개 분량)

당근 300g
A : 중력분 300g
　　베이킹파우더 2작은술
　　베이킹소다 1작은술
　　시나몬파우더 1작은술
　　바닐라파우더 1작은술
B : 설탕 140g, 소금 1작은술
C : 포도씨유 150g
달걀 3개

크림치즈 아이싱

크림치즈 100g
설탕 · 버터 40g씩

1 | 계량하기
· A : 중력분, 베이킹파우더, 베이킹소다, 시나몬파우더, 바닐라파우더
· B : 설탕, 소금
· C : 포도씨유
Tip_ 각각 한 그릇에 계량해 놓는다.

2 | 당근 강판에 갈기
당근은 껍질을 벗겨 강판에 갈아 300g 준비한다.

3 | 반죽하기
1) 설탕, 소금 + 달걀 → 핸드믹서로 충분히 돌린다(없으면 거품기로 잘 섞는다).
2) + 포도씨유 → 핸드믹서로 충분히 돌린다.
3) + 체 친 A → 고무 주걱으로 섞는다.
4) + 강판에 간 당근 → 고무 주걱으로 섞는다.

4 | 머핀틀에 붓기
유산지 컵을 낀 머핀틀에 숟가락으로 반죽을 넣는다.
Tip_ 반죽은 컵의 80% 정도 채우세요.

5 | 굽기
170℃로 예열한 오븐에서 40분 정도 굽는다.

6 | 아이싱 만들기
실온에서 부드러워진 아이싱 재료들을 핸드믹서(거품기)로 돌려 부드럽게 해준다.

7 | 아이싱
구운 당근 컵케이크를 완전히 식혀 위에 크림치즈 아이싱을 얹는다.
Tip_ 작게 자른 당근이나 견과류, 시나몬파우더 등으로 장식하면 예뻐요.

+ 밥그릇과 접시를 겹쳐 케이크트레이를 만들어 담아보세요.

+ 20cm 케이크틀 1판 + 파운드틀 1판을 만들 수 있는 레시피랍니다.

Cheese Cake
치즈케이크

치즈케이크를 좋아해서 아이들과 밖에서 사 먹을 때 한 조각만 시켜 나눠 먹곤 했지요. 언젠가 큰딸 엄마들 모임에 나갔다 알게 된 보석 같은 레시피예요. 시간이 오래 걸려서 그렇지 만들기도 쉽고, 정말 맛있어서 그 주에만 5판을 구웠다니까요. 딸들도 치즈케이크를 좋아해서 생일이면 자주 구입했었는데 요즘은 엄마의 치즈케이크가 제일 맛있다며 만들어 달라고 하네요. 가끔 귀찮을 때도 있지만 맛있는 치즈케이크의 가격을 생각하며 만들어요. 지인들에게도 알려줬는데 아이들이 엄마 치즈케이크가 최고라고 한다네요.

재료(18~20cm틀, 1판 분량)

바닥
크림 뺀 오레오쿠키 14개
(110g 정도)
설탕 10~15g
버터 50g

케이크
크림치즈 200g + 설탕 80g
(같이 계량하면 편해요)
달걀 2개
생크림 200g
바닐라 에센스 1/2작은술

사워크림 아이싱
사워크림 190g
설탕 40g
바닐라 에센스 1/2작은술

+치즈케이크 예쁘게 만드는 팁
치즈케이크는 힘이 없는 케이크라 분리형 케이크 틀이 좋아요.
구워진 케이크는 냉장고에서 차갑게 식혀야 예쁘게 자를 수 있어요.
자를 때 칼을 가스 불에 달궈 누르듯이 잘라주면 표면을 매끈하게 자를 수 있답니다.

1 | 바닥 만들기
1) 오레오쿠키 가루 만들기
   크림을 뺀 과자 부분만 지퍼백에 넣어 밀대로 두드리고 밀어서 가루를 만든다.
2) 오레오쿠키 가루 + 설탕, 버터 → 지퍼백에 넣어 손으로 반죽한다.
3) 유산지 깐 케이크틀에 꽉꽉 눌러 바닥을 만든다.

2 | 케이크 만들기
1) 크림치즈 + 설탕 → 핸드믹서로 잘 섞는다(없으면 거품기로 잘 섞는다)
2) + 달걀 → 달걀은 1개씩 넣어 핸드믹서로 충분히 섞는다.
   + 생크림, 바닐라 에센스 → 핸드믹서로 잘 섞는다.
3) 옆면에 유산지를 깐 케이크틀에 반죽을 붓는다.

3 | 케이크 굽기
180℃로 예열한 오븐에서 30분, 150도로 온도를 낮춰 30분 굽는다.
Tip_ 윗면이 갈색이 나게 색깔을 봐가며 시간을 조절해주세요.

4 | 케이크 30분 식히기
Tip_ 굉장히 무른 반죽이라 충분히 식혀야 빼낼 때 망가지지 않아요.

5 | 사워크림 아이싱 만들기
사워크림, 설탕, 바닐라 에센스를 넣고 핸드믹서로 돌려 아이싱을 만든다.
Tip_ 미리 아이싱을 만들어 30분 정도 두면 단단해져서 케이크 위에 올렸을 때 흐르지 않아요.

6 | 케이크 위에 사워크림 아이싱 올리기
식으면서 가운데가 살짝 꺼진 치즈케이크에 사워크림 아이싱을 부어준다.

7 | 아이싱 올린 케이크 굽기
200℃로 예열한 오븐에서 5분 구우면 완성.

Tiramisu
떠먹는 티라미수

오븐이 없어도 베이킹에 대해 하나도 몰라도 간단하게 만들 수 있는 정말 맛있는 티라미수예요. 아이들 출출할 때, 오후에 단맛이 필요하다 싶을 때 가끔 만들어주면 좋아요. 홈파티할 때는 디저트로, 친구네 놀러갈 때 만들어가면 사랑받는 메뉴랍니다. 딸들에게도 직접 가르쳐주려고 해요. 간단하지만 호텔 티라미수 못지않게 맛있답니다.

재료

18cm X 28cm X 4cm
사각틀 1개 분량
카스텔라 적당량
에스프레소
(또는 진하게 탄 커피) 1잔
코코아파우더 적당량
A : 생크림 250g + 설탕 25g
　(생크림의 10%)
B : 마스카포네 치즈(또는 크림치즈) 250g + 플레인 그릭요거트 1개(80g) + 설탕 60g

1 | 재료 준비하기
에스프레소(또는 진한 커피)를 내려두고, 카스텔라는 1cm 두께로 자른다.
사각틀에 카스텔라를 깔고, 커피를 바른다.

2 | A : 생크림 + 설탕 → 단단하게 휘핑하기
볼에 A 재료를 넣고 거품기로 잘 섞는다.

3 | B : 치즈 + 그릭요거트 + 설탕 → 섞기
볼에 B 재료를 넣고 거품기로 잘 섞는다.

4 | A + B 틀에 담기
A 와 B를 고무 주걱으로 잘 섞어 카스텔라 위에 부어준다.

5 | 코코아파우더 뿌리기
냉동실에 1시간 넣어 단단하게 해준 다음 코코아파우더를 곱게 뿌려주면 완성.

Castella
반숙카스텔라

달걀 반숙처럼 속이 반쯤 익은 카스텔라는 우리집 아이들에게 인기 메뉴랍니다. 베이커리에서 파는 자그마한 카스텔라가 가격은 어찌나 비싼지 집에서 만들어 먹으면 뿌듯해요. 재료도 별 거 없어요. 달걀, 설탕, 꿀, 박력분, 맛술… 박력분 빼면 집에 다 있는 재료거든요. 그릇 크기, 오븐에 따른 온도와 시간만 잘 조절하면 반숙 카스텔라도 집에서 쉽게 만들 수 있답니다.

재료(12cm 틀 1개판)
달걀 1개 + 달걀 노른자 3개
설탕 2큰술
꿀 · 맛술 1큰술씩
박력분 3큰술

1 | 달걀 노른자 3개 + 달걀 1개 + 설탕 2큰술
달걀 1개와 달걀 노른자 3개를 풀고 설탕을 넣어 거품기로 충분히 섞는다.

2 | 1 + 꿀, 맛술 1큰술씩
60℃ 뜨거운 물을 담은 그릇 위에 반죽 그릇을 겹쳐 중탕으로 거품기로 충분히 돌린다. 반죽이 아이보리색이 나고 걸쭉한 정도까지 잘 섞는다.
Tip_ 물이 너무 뜨거우면 달걀이 익어요.

3 | 2 + 2번 체친 밀가루
밀가루가 보이지 않을 정도로 거품기로 가볍게 섞는다.
Tip_ 오래 섞으면 거품이 부풀지 않아요.

4 | 굽기
12cm 틀이나 오븐용 도자기 그릇의 바닥과 옆면에 유산지를 깔고 반죽을 부어 180℃로 예열한 오븐에서 13~16분 정도 굽는다.
Tip_ 시간은 취향에 따라 적당히 조절해주세요. 완전히 익히면 부드러운 카스텔라가 된답니다.

Chocochip Cookies
초코칩쿠키

큰딸의 초등학교 1학년 생일파티 때부터 함께한 초코칩쿠키! 욕심만 가득 했던 초보 엄마의 쿠키만들기! 세월이 지나면서 레시피도 조금씩 바꿔 이제는 입에 딱 맞게 완성되었어요. 많이 달지 않고 부드러운 초코칩 쿠키는 생일, 크리스마스, 발렌타인데이까지… 특별한 날마다 함께 한답니다. 이 레시피는 제가 한 번에 만드는 넉넉한 양이에요. 넉넉하게 만들어 아이들 학교에도 보내주세요.

재료(30개 정도)

박력분 400g
베이킹파우더 · 베이킹소다
· 바닐라파우더 1작은술씩
버터 200g → 실온에 미리
꺼내 부드럽게 한다.
설탕 160g
초코칩 80g
달걀 2개
견과류 20g(생략 가능)

+ 초코칩쿠키 만들 때 팁

- 달걀은 나눠 넣을 때마다 충분히 섞어주세요.
- 오븐팬에 반죽을 올릴 때 숟가락 2개를 이용해 한 숟가락으로 뜨고 다른 숟가락으로 밀어 올려 구워야 예뻐요.
- 초코칩을 따로 올려야 구웠을 때 표면에 초코칩이 보여요.

1 | 계량하기

박력분, 베이킹파우더, 베이킹소다, 바닐라파우더는 같이 계량한다.

Tip_ 호두, 아몬드, 캐슈넛, 땅콩 등도 다져서 넣어주면 좋아요.

2 | 버터 + 설탕 → 설탕은 2~3번으로 나눠 넣기

버터는 핸드믹서로 부드럽게 풀어준 다음 설탕을 2~3번에 나눠 핸드믹서로 충분히 섞는다(핸드믹서가 없다면 거품기로 충분히 돌려요).

3 | 2 + 달걀

2에 달걀을 1개씩 넣어가며 충분히 핸드믹서로 돌려준다.

4 | 3 + 박력분 등

3에 1의 가루 재료들을 체에 쳐서 넣어 고무 주걱으로 밀가루가 보이지 않게 반죽한다.

5 | 4 + 초코칩, 다진 견과류

반죽에 초코칩과 다진 견과류를 넣어 잘 섞는다.

Tip_ 초코칩은 반죽에 다 넣지 말고 쿠키 위에 따로 올릴 분량은 남겨주세요.

6 | 오븐팬에 올려 굽기

오븐팬 위에 반죽을 올려 180℃로 예열한 오븐에서 12~15분 정도 굽는다.

Tip_ 반죽 위에 남겨둔 초코칩을 몇 개씩 박아주세요. 팬에 반죽을 올릴 때 붙지 않도록 간격을 두어요.

Peanut Cookies
땅콩쿠키

땅콩버터를 넣어 고소함을 더한 쿠키예요. 만들기도 쉬운 쿠키 레시피랍니다. 우유와도 잘 어울려 아이들 간식으로도 좋아요. 냉장고 속 땅콩버터로 쿠키도 만들어보세요. 땅콩버터가 없다면 옆집에서 3스푼만 빌리세요.

재료(25개 정도)

박력분 260g
베이킹소다 · 베이킹파우더 ·
바닐라파우더 1작은술씩
버터 120g(버터는 실온에 두어
부드럽게 만든다)

설탕 120g
달걀 1개
땅콩버터 3큰술
땅콩 25개 정도

1 | 계량하기
박력분, 베이킹소다, 베이킹파우더, 바닐라파우더는 같이 계량한다.

2 | 버터 + 설탕
부드러워진 버터에 설탕을 넣고 핸드믹서로 충분히 섞는다.
Tip_ 핸드믹서가 없다면 거품기로 충분히 섞어요.

3 | 2 + 달걀 + 땅콩버터
2에 달걀을 넣고 핸드믹서로 충분히 돌려준 다음 땅콩버터를 넣고도 충분히 돌려준다.

4 | 3 + 박력분
3에 1의 가루 재료들을 체에 내려 고무 주걱으로 한 덩어리로 반죽한다.

5 | 모양 만들기
반죽을 적당히 떼서 손바닥으로 동그랗게 굴린 다음 오븐팬에 올리고, 가운데 땅콩을 꾹 눌러 박아준다.
Tip_ 땅콩은 빼도 좋아요. 손으로 가운데를 눌러주면 된답니다.

6 | 굽기
180℃로 예열한 오븐에서 15분 정도 구워준다.

S'more
스모어

어느 날 작은딸이 마시멜로를 구워 만드는 디저트를 만들어 먹겠다고 재료들을 사들고 들어 왔어요. 직접 만드는 법까지 찾아서 주말에 같이 만들었는데 재미있었답니다. 크래커와 초콜릿, 마시멜로를 패키지로도 판매하더라고요. 원래 미국인들이 오래전부터 즐겼던 캠핑용 먹거리래요. 한번 먹으면 멈출 수 없이 맛있어서 "Some more!"를 외치게 한다고 '스모어(S'more)'가 되었다네요. 집에서는 전자레인지나 오븐을 이용해서, 캠핑에서는 모닥불에 마시멜로를 구워서 아이들과 만들어보세요. 단 칼로리가 어마어마하니 재미있게 만들고 1개씩만 먹기!

재료(10개)

크래커 20개
초콜릿 2개(40g×2)
마시멜로 10개

1-1

1-2

2

3

+ 스모어 만드는 법 3가지!

불에 직접 마시멜로만 따로 구워 올리기
전자레인지에 10~15초 돌려서 만들기
180℃로 예열한 오븐에서 5분 구워서 만들기

1 | 크래커 위에 초콜릿과 마시멜로 올리기
크래커에 준비한 초콜릿을 먼저 얹고 그 위에 마시멜로를 올린다.

2 | 오븐에 굽기
180℃로 예열한 오븐에서 5분 정도 굽는다.

3 | 크래커로 누르기
따끈한 마시멜로 위에 크래커를 덮어 누른다.

Caramel Apple
캐러멜애플

"사과가 빨갛게 익으면 의사가 파랗게 질린다", "하루 한 알의 사과가 의사를 멀리하게 한다"는 말이 있을 정도로 사과는 건강에 좋은 과일인데요. 아삭아삭 새콤한 사과에 초콜릿과 캐러멜을 찍어 달콤하게, 여기에 견과류를 더하면 고소하기까지! 아이들이 잘 안 먹던 견과류도 이렇게 주니까 잘 먹더라니까요! 일석이조!

재료

사과 1개
A : 초코칩 2큰술 + 우유 1큰술
 (일반 초콜릿을 이용해도 좋아요)
B : 캐러멜 8개 + 우유 1큰술
 견과류 적당량

1 | 전자레인지에 녹이기
A 와 B를 그릇에 각각 담아 비닐 랩을 덮어 전자레인지에 1분 30초~2분 정도 돌려 잘 섞는다.

2 | 견과류 부수기
준비한 견과류를 잘게 부순다.

3 | 담기
먹기 좋게 자른 사과와 초콜릿, 캬라멜, 견과류를 곁들여 담는다.